推开幸福教育之门

高峰 著

Discovering Well–being Through Education

中国人民大学出版社
·北京·

图书在版编目（CIP）数据

推开幸福教育之门 / 高峰著. --北京：中国人民大学出版社，2022.4

ISBN 978－7－300－30523－3

Ⅰ.①推… Ⅱ.①高… Ⅲ.①小学教育—教育研究 Ⅳ.①G622.0

中国版本图书馆 CIP 数据核字（2022）第 054314 号

推开幸福教育之门

高 峰 著

Tuikai Xingfu Jiaoyu zhi Men

出版发行	中国人民大学出版社		
社　　址	北京中关村大街31号	**邮政编码**	100080
电　　话	010－62511242（总编室）		010－62511770（质管部）
	010－82501766（邮购部）		010－62514148（门市部）
	010－62515195（发行公司）		010－62515275（盗版举报）
网　　址	http://www.crup.com.cn		
经　　销	新华书店		
印　　刷	北京华宇信诺印刷有限公司		
开　　本	168 mm × 239 mm　16 开本	**版　　次**	2022 年 4 月第 1 版
印　　张	15.75　插页1	**印　　次**	2022 年 4 月第 1 次印刷
字　　数	210 000	**定　　价**	68.00 元

目　录

Contents

第三章

幸福教育的原理和文化

第四章

幸福教育中的儿童

第五章

幸福教育的课程

第六章

幸福教育的立体课堂

第九章

幸福教育的校园管理机制

第十章

幸福教育的育人模型

序

和高峰的缘分，始于他读高二时；然而，真正让我们产生深度共鸣的，却是20年后的一本书。

那时候，他在胜利石油管理局教育培训处工作。在山东，一听到“胜利油田”四个字，不论男女老少，不管职位高低，立即会肃然起敬。高峰在教培处工作春风得意，顺风顺水。那时候，我已经到高密市教委工作，记得高峰到教委看我的时候，我的办公桌上放着十几本《给教师的一百条建议》，苏霍姆林斯基的一段话引起了我们的深度共鸣。

“教学大纲和教科书中规定了给予学生的各种知识，但却没有规定给予学生的一样最重要的东西，这就是幸福。我们的教育信念应该是，培养真正的人！让每一个从自己手里培养出来的人都能够幸福地度过自己的一生。”

当然，让我没想到的是，回到胜利油田后高峰很快辞掉了被普遍认为前途无量的工作，主动要求到一所条件一般的小学工作。这让母校的老师们颇为惋惜。

他和老师们的殚精竭虑卓有成效，很快，他们学校不仅深受孩子和家长的喜爱，而且被诸多教育同行誉为中国的巴学园和帕夫雷什。这也让我和母校的老师们备感欣慰。再后来，高峰不断寻找制高点，博学审问，逐渐让幸福教育在校园里走向成熟。正如他在书里写的那样，其间跨越了千沟万壑，经历了荆棘塞途，说高峰和他的老师们在幸福教育的教育人生中饱受风霜并不为过。正如冰心所言，“成功的花，人们只惊羡它现时的明艳，然而当初她的芽儿，浸透了奋斗的泪泉，洒满了牺牲的血雨”。

从高峰幸福教育的职业生涯里，我体悟到很多。

首先，与我们对幸福的定义和对幸福的态度有关。如果我们不能从孩子们的成长中体味到幸福，我们的教育生涯就难以持续。正如高峰在书中所说，没有幸福的教师，就没有幸福的学生。说实话，在如此价值多元的年代，让人们在校园里体悟到幸福并非易事。高峰他们是怎么做到的，有他们的玉泉小学为证。在这所学校里，幸福已经溢出校园，深刻地影响到周围的社区。这是特别难能可贵的。

高峰的矢志不移有点儿代表了山东高密西乡人的一些特征，这可能也正是高峰的幸福教育能够一路茁壮成长的原因之一。许多时候，我们很难经得起风起云涌的变化，当面对一些新的风尚、新的变局时，我们常常不知所措，甚至随波逐流。不忘初心其实是特别难能可贵的品格。而高峰笃定、坚守二十多年，有人说他内心强大，我深以为然。

其次，高峰敢于放弃的人生态度，也是非同一般。如果不做校长，高峰完全可以有另外一条更顺畅的坦途。以我对他的了解，凭他的主管领导和同行对他的欣赏，他肯定可以在更大的平台上建功立业。如果不做幸福教育，他也完全可以顺势为之而赢得更多。然而，高峰没有选择那样的道路，他毅然放弃了许多垂手可及的名利，一路跋涉，一路欢歌。其实，这也正是我希望看到的高峰。

2021年12月5日

自序

推开幸福教育之门，我们看到了什么

全世界所有学校从表面看来几乎是一个样子，如有校舍，有教室；有老师，有学生；有管理，有教学……然而，由于每所学校所选择的办学路径和实现方式不同，当下在校园里的人和今后从校园里走出去的人就会有所不同，从而呈现出学校之间的差异性和多样性。

那么，推开幸福教育之门，我们看到了什么？

首先，我们看到了学生，即当下在校园里的人和今后从校园里走出去的人。

看学生有两个维度，一个是“社会维度”，即家长、政府等对学生及其所在学校的看法。人们往往看什么？一看学校的教学质量，具体一点儿就是学业成绩、竞赛成绩和升学率等。比如，某所学校某年考出了一个中考或高考“状元”，人们马上就会对这所学校刮目相看。二看学生的日常行为。比如，学生放学后走在大街上是什么样子：是抽烟、打架、偷窃，还是合作、读书、运动？学生在自然状态下的成长样态是观察一所学校办得怎么样的最重要的窗口。

另一个是“儿童维度”。今天我们常常从成人的角度去办学而忽视儿童这个主体，很少去倾听儿童的感受和想法。然而，这是一个不可或缺的维度！我们为谁办学？为国家？对。为家长？对。为儿童？对。然而，归根结底是为儿童而办学。如果忽略了“儿童维度”—— 没有对儿童身心健康的关怀，没有对儿童梦想成真的关切，没有对儿童生活样态的关注，没有对儿童生命成长的关爱，即使通过各种方法提高了学校的学业成绩、竞赛成绩、升学率，我们所做的也不是真正意义上的幸福教育。

幸福教育，一定是为了让人成为人的教育，一定是为了让人幸福的教育。这也是国家赋予我们的“立德树人”的根本任务。

如果我们把学校中的管理、课程、教学、竞赛、教材、作业、考试等帮助儿童获得幸福的手段当成教育目的，那么，学校教育就会因扭曲而发生异化，儿童也会随之发生异化。而异化的儿童将来就会成为社会的残品、废品，甚至危险品！

那么，看到学生之后，如果再往学校的纵深处透视，我们又会看到什么？

显然，是帮助儿童幸福成长的媒介，或者说是丰富多彩的、指向儿童个性化发展的课程与学程，因为儿童是通过幸福教育的课程与学程而幸福成长的。

幸福教育课程与学程的内涵必须与儿童生活经验的外延联结起来，成为儿童的生活经验本身、成长本身。

透过幸福教育的课程与学程再往里透视，我们看到的又是什么？是教师以及站在儿童身后的家长。

教师是课程的设计者、实施者和评价者，家长是学校教育的合作者和支持者。教学的过程就是让儿童获得幸福的过程，就是通过教师和家长“幸福地教”实现儿童“幸福地学”的过程。在这一过程中，是教师和家长把幸福的因子传递给了儿童。

那么，在教师背后，我们又看到了什么？

教师也是普通人，但教师的职业特点又决定了教师不能是普通人。教师应该成为一个幸福的人，因为只有掌握了幸福的钥匙，教师才能打开幸福教育之门，学生才能获得幸福教育。

教师如何获得幸福？如何联合家长把幸福的因子传递给学生？

显然，这需要一个舞台，即幸福学校。而建设幸福学校，则需要依靠一种充满强劲动能的机制。

机制是调动教师联合家长落实课程、帮助儿童成长的积极性、主动性和创造性的推手。因为教师个体再优秀、再出众，如果学校不能为其提供舞台，他也难以展示一台精妙、丰富的教育大戏。

因此，追溯到最后，我们看到，一所幸福教育学校办学的核心是机制。

幸福教育的育人模型就是，在“幸福教育的原理和文化”引导下“儿童→课程→教师→机制”这样一个层层递进的办学逻辑。

而《推开幸福教育之门》这本书正是沿着“办学原理和文化→儿童→课程→教师→机制”这样一个逻辑来展开、呈现和表达的。

幸福教育，就是帮助孩子们推开他们的未来之门，帮助他们走上幸福的人生之路，拥抱生命的满天朝霞。

第一章

为什么是幸福教育

1 对育人路径的思考

我大学读的是师范专业。在大学里读的教育史，主要是西方教育史，因为历史上西方国家涌现出了众多教育家，如夸美纽斯、赫尔巴特、洛克、卢梭、皮亚杰、蒙台梭利、马斯洛、杜威……可谓灿若星辰。然而，阅读他们的作品，我发现，一部现代教育史，实际上就是一部对教育不断争论、争辩的历史。①

依我看来，历史上所有教育争论实际上就是对教育方向、教育功能和教育路径的不同看法与主张：有的强调教育的工具性，指向教育的“社会性”；有的则强调尊重儿童的天性，指向教育的“自然性”。

当然，我所指出的教育的“社会性”和“自然性”这一说法是否准确，还有待深入研究；但是从教育理论和办学实践来看，教育史上出现过这两个主要方向的教育观。

首先来看教育理论。

柏拉图在《理想国》里设想了三类人，其中统治者是“哲学王”，他认为，治理国家的人必须达到哲学境界，应该是无私奉献、不求回报的哲人、超人。柏拉图主张，教育要为国家培养“哲学王”。其教育主张无疑是趋向“社会性”的②。在他之后，许多哲学家、教育家的主张与他的主张是一脉相承的。例如，17 世纪夸美纽斯

① 檀传宝. 世界教育思想地图：50位现当代教育思想大师探访[M]. 福州：福建教育出版社，2010.

② 柏拉图. 理想国[M]. 庞燨春，译. 北京：九州出版社，2007.

在《大教学论》里提出班级授课制，其目的是普及国民教育，为国家和社会培养更多人才。①这实际上也是一种“社会性”的追求。

然而，有人提出了不同的教育主张。

他们认为，只强调教育的“社会性”，教育就会沦为社会的工具，就必然带有功利性，就会自觉或不自觉地违反儿童的天性，从而使儿童发生扭曲或异化。例如，在中世纪，教会学校认为，儿童身上带有“贪婪”“懒惰”“任性”等原罪，必须通过鞭笞消灭他们的罪恶。所以，教师毒打儿童成为那个时代的教育潮流。②中国私塾教育中也不乏“不打不成器”的说法，“戒尺”“教鞭”等也成为教师管教学生方便、省事的工具。

法国的卢梭写了《爱弥儿》一书，为我们提供了一种自然教育的教育学样本。他主张，要尊重儿童的天性，尊重儿童的人格和人权；他强调，儿童要自由生长。瑞士心理学家皮亚杰研究了儿童的心智发展规律，要求重视不同阶段儿童的发展特点。意大利的蒙台梭利进一步把这种自然教育主张转化为办学实践。直到今天，“蒙台梭利教学法”依然风靡世界，被人们奉为圭臬。

再来看看办学实践。

在历史上，中国的私塾、西方的教会学校和家庭私学均带有十分明显的“社会性”，他们对儿童的培养带有明确的功利性。实际上，“社会性”的办学追求一直传承到今天并长盛不衰。

当然，现代学校由国家出资举办，办学宗旨明确，就是为国家培养合格公民。事实上，不论一个国家如何描述自己的教育目标，其教育的指向性、功利性和目的性都是一致的。

当下，国内一些学校的教育越来越趋向“功利教育”，社会需要什么样的人，什么职业最吃香，什么岗位最赚钱，学校就拼命培养什

① 夸美纽斯. 大教学论[M]. 傅任敢，译. 2版. 北京：教育科学出版社，2014.

② 斯科特. 体罚的历史[M]. 吴晓群，秦传安，译. 北京：中央编译出版社，2010.

么样的人，以满足个人、家庭和社会的需求。传统教育方式的核心弊端，就是鼓励学生的被动性。[①]有一所“牛校”，以每年考上清华、北大数百人而闻名。不仅这所中学，其他不少中学也以高考本科率、重点率以及考上清华、北大的人数为追求。例如，某校出了一个当地的高考“状元”，学校敲锣打鼓，组织“状元”披红戴花，“游街”炫耀。这样的做法并不是为了学生的发展，而是追逐功利教育的表现，是为利益攸关方谋取更大的利益。

然而，也有一些学校强调以儿童为中心，追求自由、快乐的教育。例如，英国教育家尼尔于1921年创办的夏山学校，以孩子为本，施行“自由”的教育方式，运用因材施教的教育方法，因而被誉为“最富人性化的快乐学校”。[②]又如，我们耳熟能详的巴学园，由日本教育家小林宗作于1937年创办。巴学园本来是一所没什么名气的学校，因为它的一位毕业生黑柳彻子出版的自传体小说《窗边的小豆豆》而闻名于世。在这所学校里，孩子们是自由的，上午选择自己喜欢的课程，下午则全部到野外玩耍、疯跑、捉迷藏，中午还品尝“山的味道”和“海的味道”……[③]

从20世纪90年代开始，巴学园成为许多深受应试教育折腾的中国人的梦想而备受追捧。2017年我带领玉泉小学的部分孩子参加了《窗边的小豆豆》中文版销售1000万册纪念活动。这本书销量如此之大，足见该书对中国人的影响力。

还有许多探索自由教育的学校，如道尔顿学校[④]、华德福学

① 努斯鲍姆.功利教育批判：为什么民主需要人文教育：修订版[M].肖聿，译.2版.北京：新华出版社，2017.

② 沃恩.夏山学校的百年故事：献给当代的教师、校长和家长[M].沈兰，译.2版.北京：教育科学出版社，2014.

③ 黑柳彻子.窗边的小豆豆[M].赵玉皎，译.海口：南海出版公司，2003.

④ 陈金芳，赵钰琳.道尔顿教育计划[M].北京：北京大学出版社，2005.

校[1]、不分级小学[2]等，这些追求教育“自然性”的办学实践影响了全世界。

关于教育“社会性”和“自然性”的研究是否准确反映了教育理论和办学实践活动，尚有待专家学者的深入研究。但是，作为校长，我们在选择办学方向或办学路径时，必须对许多教育现象做出深度思考和评判。

① 维歇特. 华德福教育之道[M]. 魏羽，译. 深圳：深圳报业集团出版社，2014.

② 古德莱德，安德森. 不分级小学[M]. 谢东海，吕雪金，袁文辉，等译. 北京：教育科学出版社，2006.

2 幸福教育提出的背景

1805 年赫尔巴特在德国一所大学讲授哲学，他的哲学研究方向与教育有关。1806 年他出版了由讲课内容整理而成的《普通教育学》一书。在《普通教育学》中，赫尔巴特从教学到管理对现代学校教育做了结构化、全面性的论述。①这本书在教育史上十分重要，因为自此教育学从哲学中分离出来而成为一门独立的科学。

1904 年《奏定学堂章程》颁行，中国正式引进现代学校教育模式。②

民国时期，胡适、陶行知、陈鹤琴、梁漱溟等人，深受杜威教育思想的影响，在中国开展了一系列教育研究和实践探索。③

新中国建立后，苏联教育家凯洛夫的《教育学》被引进中国。自此我国的学校教育开始转向，逐步走上了“以教材为中心，以教师为中心，以课堂为中心”的道路。于是就有了“文革”前十七年以传统教育为特征的教育实践。

“文革”期间，各级各类教育组织否定了以凯洛夫为代表的传统教育，我国教育理论与实践的探索进程被打断。

1978 年国家拨乱反正之后，学校教育最大的问题就是不断地追逐教育的功利性，而忽视了对儿童的关怀和尊重，忽略了教育立德树人

① 赫尔巴特. 普通教育学[M]. 李其龙，译. 北京：人民教育出版社，2015.

② 顾明远，张东娇. 中国学制百年[M]. 北京：教育科学出版社，2016.

③ 智效民. 教育在民国[M]. 广州：广东人民出版社，2014.

的根本任务，导致出现许多问题。

在这样的背景下，到20世纪90年代，出现了应试教育和素质教育的争论。

1997年，原国家教委在山东烟台召开了全国中小学素质教育经验交流会，推广山东烟台素质教育典型经验。自此之后，全国出现了一股“推行素质教育”的热潮。当时在教育机关工作的我，曾受命带领部分校长奔赴湖南汨罗考察，学习他们素质教育的做法。

后来，教育部组织编写了《素质教育观念学习提要》，提出了素质教育的理念、方法、操作模式等。这本书引起了教育界思想观念的撞击和讨论。教育部还组建了素质教育巡回报告团，在全国巡回演讲，大力宣传和推进素质教育。

虽然国家层面提出了推行素质教育的要求，但实际上“素质教育轰轰烈烈，应试教育扎扎实实”的现象仍然常见。也就是说，在高考指挥棒的指挥下，学校教育无法挣脱应试教育的羁绊。

我们看到，后来教育体制的改革，各种课程标准的制定，“学生发展核心素养”的提出，对劳动教育、美育和体育的重构，中考和高考大纲的取消，高考命题的调整与改革，以及“立德树人”根本任务的提出等一系列举措，实际上都是在回应深化推进素质教育改革的要求。

在这样的背景下，2002年我们对教育的“社会性”与“自然性”进行了统合，淡化应试教育和素质教育之争，重新选择教育发展路径，提出了“幸福教育”的命题，即在保护儿童“自然性”的前提下，通过课程发展儿童的“社会性”，使其适应社会需要，拥有幸福人生。

3 幸福教育的提出

我的童年是在农村的田野里与小草、昆虫一起度过的。真正进入学习知识的状态，是在1977年恢复高考之后。

1979年全县实行高中统一招生考试，高密四中1979级招了六个班，设立了两个重点班，我考取了重点班。当时学校实行寄宿制，我一个月回家一次背口粮，其他时间全部投入勤学苦练中。

高密四中是一所1957年就成立的农村高中。我记得当时每天有13节课，早上1节，上午、下午和晚上各4节。那个时候同学们最害怕的不是学习本身，而是严重失眠，因为学习和升学的压力太大了。我们是接受了虽有些严苛但十分正规的高中教育的首届毕业生。两个重点班的同学绝大部分考上了大学，现在已成为各行各业的精英。

然而，我们发现了另一个现象：在十年“文革”中荒废了学校教育的一代人，在改革开放后依然涌现出众多社会精英人物。许多政治家、军事家、企业家、金融家、发明家和教育家等并没有接受过多少正规学校教育。

一次回老家，我碰到了一位当年高考落榜的同学，他正经营着一家纺织企业，为一万多人提供就业机会，是著名的农民企业家。这引发了我的思考：是读了大学的人对社会贡献大，还是没有读大学的人对社会贡献大？学校教育，对人究竟有什么作用？

当时我在胜利油田教育培训处负责政策研究，每年都会写工作计划。每年开会时领导都要讲话，要求下属的学校大力推进素质教育。但是我发现，许多学校陷入应试教育的旋涡，已经不能自拔。

在应试教育和素质教育观念的交织、碰撞中，我终于下定决心，向上级组织提出了自己的想法：离开教育机关，到一线学校做校长，不去争论应试教育和素质教育孰优孰劣，而是探索一种新的办学路径，在汹涌的应试教育大潮里开辟一条崭新的道路，给予孩子们一种幸福的教育生活。

我的心中涌动着一股激情。我深深地知道前路坎坷，路途艰险，但总得有人去尝试，总得有人去冒险。我骨子里的冒险基因此时发挥了作用，推动着我义无反顾地放弃了舒适的机关生活，到一所普普通通的小学当起了校长。

2001 年秋季开学后，我揣上杜威的《民主主义与教育》和苏霍姆林斯基的《给教师的一百条建议》来到一所普通小学做了校长。

杜威认为，教育就是儿童的生活本身，就是儿童的成长本身，就是儿童的生活经验不断改造的过程，儿童通过教育成为有道德的人、理性的人、合格的人、充满智慧的人。“教育即生长”“教育即经验的改造”①，从这个意义上说，教育不能与儿童的生活分离。

苏霍姆林斯基认为，教育就是培养全面发展的人，而全面发展一定是人的个性化发展。全面发展的人，首先是富有个性的人，具有独立思想和精神的人，能彰显自己特长和潜能的人。②

在分析和研究学校教育教学实际，广泛研究国内大量办学实践案例之后，我对教育的“社会性”和“自然性”进行统合，提出了“幸福教育”的办学理念和追求，并试图以此为引领，构建一种能够冲破应试教育藩篱的新的育人路径。

这种育人路径就是：在充分尊重儿童自然天性的前提下，以幸福教育的办学方式实现教育的社会功能，让每一个孩子拥有幸福人生，

---

① 吕达，刘立德，邹海燕. 杜威教育文集：第1卷[M]. 北京：人民教育出版社，2008.

② 孙孔懿. 苏霍姆林斯基教育学说[M]. 北京：人民教育出版社，2018.

进而实现教育立德树人的根本任务。

于是，我们把原来挂在学校教学楼上的校训更换为我们的教育目标——“让每一个孩子拥有幸福人生”。

教育目标的更新，给了教师和家长一种强烈的暗示：我们需要转换视角看教育。儿童不是被动的接受者，而是主动的发展者。儿童的幸福成长，才是我们办学的根本追求。

4 教育学意义上的幸福教育

2003年秋天，我到华东师范大学参加一个会议。会议间隙，我在校园里逛书店，发现了上海师范大学刘次林教授的著作《幸福教育论》。

这本书我是一个晚上一口气读完的。它是刘次林教授的博士论文，它对古今中外的幸福教育进行了梳理，而且在此基础上对幸福教育的基本原理进行了建构。这是一部学术著作，读起来有些吃力，但我仍然读得津津有味，而且抑制不住内心的激动。第二天一大早，我就试着打电话联系刘次林教授。下午我就坐在他位于上海师范大学的办公室里，和他一起探讨幸福教育这个话题，并由此建立起联系。

刘次林教授是朱小蔓先生的博士生。显然，《幸福教育论》是基于道德学、伦理学研究方向的，是从德育的角度来研究幸福教育的。我准备以《幸福教育论》为导引，建构教育学意义上的幸福教育理论与实践模型，打造一所幸福学校，让幸福的教师把幸福的因子传递给学生，让孩子们拥有幸福童年，并为他们的幸福人生奠定基础。

2002年我们提出和践行幸福教育时，在实践层面践行幸福教育的学校还非常少。后来，大家开始重视学校文化建设，“幸福教育”一词才频频出现。

有的专家是从积极心理学的角度提出“幸福教育”并展开研究的，他们研究的是人的积极心理以及干预策略，如朱翠英等人的《幸福与幸福感：积极心理学之维》，又如近几年对我国影响颇大的哈佛大学的幸福课等。有的专家是从政治学、社会学的角度提出“幸福教育”的，他们研究的是如何提高人民的幸福度，例如，很多地方提出通过做幸福教育建设幸福城市等。

近年来，“幸福教育”已经成为一个热词，研究和实践幸福教育的学校逐渐增多，有关幸福教育的论著和文章也在增多，如孟万金和官群的《幸福教育实用指南》、杨九俊的《幸福教育的样子》、王长华的《幸福教育的理论与实践》等。

闫艳博士在《中国幸福教育研究与实践》一文中对国内幸福教育理论与实践研究的进展和现状进行了梳理。闫艳博士发现，幸福教育的理论研究主要集中在幸福教育的定义和价值、幸福感、幸福教育主体、幸福教育关系等方面；幸福教育的实践研究，则主要表现为学校幸福教育实践和区域幸福教育实践两个层面的行动研究。

我们的幸福教育实践研究被闫艳博士列为重要案例。闫艳博士指出，我们是从关注师生幸福的角度打造幸福学校的。我们认为，幸福学校需要有幸福教师做支撑，只有幸福教师才能教出幸福学生。比如，山东省东营市胜利第四小学自 2002 年开始实施幸福教育，短短几年时间，就从一所默默无闻的学校变为当地公认的名校。该校建构了“幸福教育”的两个方面：其一，让教师拥有物质幸福、精神幸福和心灵幸福的生活。其二，不仅给予学生幸福童年，还要给予学生幸福人生。

我们提出的幸福教育是教育学意义上的幸福教育，意在引领和指导办学实践，力求探索出有效的教育实践活动，让学校教育成为帮助孩子获得幸福人生的手段。

5 幸福教育希冀破解的难题

学校通过教师与家长、社区的合作，按照国家意志，采用课程等教育媒介为未成年人提供教育服务，为社会培养合格的公民。

和企业相比，学校有自己的特殊性。在校园里，服务者和被服务者都是人，而且被服务者还是未成年人。

企业的产品如果不合格，往往可以“召回”；而学校的“产品”很特殊，儿童的成长没有任何“返工”“回炉”的可能和机会。因此，我们必须对学校的特性进行厘清和定位，以实现幸福教育的办学目标。

英国教育哲学家怀特认为，幸福是人类最基础的价值之一，它能为学校提供一个可能的改革方向——引导学生成长为自由自主的个体，引导学生和他人一起过上充实的、繁荣兴旺的生活。①

我们要做教育学意义上的幸福教育，就需要研究和解决办学实践中的难题。

一、如何让孩子喜欢学校，幸福地度过童年

拥有幸福是人人追求的人生目标。英国法理学家、哲学家杰里

① 怀特．儿童幸福与学校教育[M]．杨杏芳，赵显通，译．北京：教育科学出版社，2021.

米·边沁说，对幸福的追求，就是人生的终极目的。

今天的孩子常常感受不到教育生活的幸福。很多孩子不喜欢校园，是因为他们来到学校只是听课、重复写作业、机械背诵和书写、参加考试，而且要承受来自教师和家长的种种评价压力，在校园里难以找到兴奋点或喜欢做的事情。

校园是儿童成长的地方。如果孩子们不喜欢校园，那么教育还没有开始，就已经结束了。如何让孩子们喜欢我们的校园，喜欢我们的课程，喜欢我们的教师？

教育就是一种选择。没有选择就没有自由，而没有自由就没有教育。传统的学校受到师资、经费、场地、资料、政策等的制约，提供给儿童的是高度同质化的课程资源，难以满足儿童个性化的自由选择。而不能自由选择课程，在一定程度上就不能选择自己的生活方式，就难以感受到教育生活的幸福。

一个人要想拥有幸福人生，首先必须拥有幸福童年。因此，我们必须建构起适应每个孩子、能够让每个孩子自由选择的课程。只有这样，才能让孩子喜欢学校，才能培养孩子对幸福的感受力及创造幸福的能力，才能让每个孩子幸福地度过童年，进而拥有幸福人生。

二、如何消除教师的职业倦怠，重塑教师的职业幸福感

只有教师拥有幸福，才能把幸福的因子传递给孩子们，让孩子们过上幸福的教育生活。

然而，今天的教师承受着来自四面八方的压力[①]。教师的职业倦怠和教育行为的内卷化，已成为制约学校优质发展的瓶颈。如果教师

① 佐藤学. 静悄悄的革命：课堂改变，学校就会改变[M]. 李季湄，译. 北京：教育科学出版社，2014.

感受不到幸福，那么如何让孩子过上幸福的教育生活？

教师的幸福，既来自学校创造的幸福的物质环境、精神环境，也来自教师自身对幸福的感受力。只有建构起可以创造幸福教育生活的校园机制，使教师将客观幸福和主观幸福融为一体，教师才能感受到职业幸福，进而才能创造出幸福的教育生活，进而才能拥有人生幸福。

固化的学校体制和照本宣科、机械重复的教学行为，会让教师慢慢失去激情和创造力。只有通过激励机制鼓励和推动教师投身于课程的设计、开发、实施与评价过程，投身于课程与教学的不断变革，才能激发出教师的热情和动能，使教师实现自我价值，从而解决教师的职业倦怠和教育行为的内卷化问题，让教师找到职业幸福感。

停滞不前的校园、一潭死水的校园，会消磨教师的激情和干劲。因此，我们一方面要推动课程变革的政策落地，打造积极向上的环境，营造干事创业的氛围，另一方面要提高教师的专业能力、综合素质、对幸福的感受力，推动形成校园幸福机制，让教师拥有职业幸福感。

三、如何以课程为中心调整学校的组织结构和资源配置，使学校成为促进师生和家长共同成长的幸福场

当下学校的人事、工资、评价、奖惩等制度和机制相对固化，不利于激发学校内部的活力。只有当外部压力传导到内部时，一个组织的结构才能发生改变，机制才能新生。因此，必须从外部施加和传导压力，促进学校内部发生变革。

只有改变以人、物、料为中心的传统学校组织结构，重构以儿童为本位、以课程为中心的学校治理结构、管理体制和运行机制，促进学校内部进行全局性变革，实现新旧动能转换，激发学校的活力，让校园焕发勃勃生机，建设充满幸福感的校园，才能创造出丰富多彩、快乐幸福的校园生活。只有充满梦想和追求的校园、充满激情和活力

的校园、充满民主和公平的校园，才能让校园里的每一个人和学生家长充满愉悦和幸福的动能，并在幸福教育的道路上不断前行。

幸福教育必须针对目前学校的办学实际重构学校组织结构，切实破解目前遇到的困难。当然，这一切要想真正落地生根，就必须以文化和愿景为引领，以制度和机制为驱动，并且有足够的教育资源和良好的外部环境做支撑。

第二章

幸福教育的实践

6 幸福教育办学“首秀”

1985 年大学毕业前的那个春季学期，我们中文系的七名同学一起去一所中学扎扎实实地实习了三个月。2001 年 9 月我提着装有杜威和苏霍姆林斯基著作的书袋到学校“走马上任”的时候，距离这段教育实习经历已经过去了整整 16 年。

虽然我始终没有离开教育行业，但在教育机关工作和在学校工作还不是一回事 —— 在学校工作必须认真研究和应对，以确保师生安全、学校持续发展和教学质量稳步提升。

做校长，工作很具体，而且责任重大。所以，到学校后我召开了一次校务会，委托副校长主持学校工作，我则进入班级，听课，座谈，做问卷调查，谈心，观察……进行调研、分析、诊断和研究。首先，我要把学校的家底和实情摸清楚，把学校的优势和短板弄明白。然后，我跑到济南、青岛和北京、上海，考察名校，访谈名校长……我的脑中渐渐绘制出了一张清晰的学校变革路线图。

这是一所刚办了五年的学校，显然不能和名校、老校比。要想快速改变学校的面貌，赶上或超越名校、老校，就要按照“非传统，不对称”的思路另觅发展之道。

经过全体教师讨论，通过校务会和教代会的召开，学校上下对制定的变革方案达成了共识：我们要冲破应试教育的藩篱，秉持幸福教育的办学理念，改变传统办学模式，凸显课程特色和优势，提高办学水平和教育教学质量，以形成鲜明的办学特色。

一、重塑校园文化，重建校园环境

学校原来也有一些文化建设，但没有进行结构化处理，也没有进行个性化呈现。例如，教学楼上挂着“好好学习，天天向上”的校训。这样的校训当然很好，但很多学校都在用，因此就会失去学校的文化个性。

我们按照幸福教育的办学理念，将其更换为“让每一个孩子拥有幸福人生”的教育目标，以彰显学校个性化的办学文化。

借着当地街道修路的机会，我们将校门改建成了富有童话色彩的新校门；建设了幸福列车教室，在上面写上“让幸福列车前行”，让教室不再“普通”……当用幸福教育理念把校园文化统领起来的时候，教师、学生和家长就会对学校产生耳目一新的感觉，从而认识到：学校开始变了！

二、开展教育培训，给教师装载幸福教育办学理念

在油田资金的支持和教育优先发展的条件下，这所学校整体办学水平领先，但是在社会大环境的影响下，过度“追分”仍是学校教育的潮流，教师的教育理念和认知惯性一时难以“转弯”。因此，我们成立了“教师夜校”，利用晚上开展培训。先后邀请朱小蔓、李希贵、刘次林、陈如平、吴安春、于永正、李振村等前来做讲座，引领全体教师转向，深入理解和践行幸福教育办学理念。教师的理念慢慢转变了，家长的理念也要随之改变。接着，我们开办了“家长夜校”，连续组织了多场家长会，通过做报告、做讲座、交流、展示等活动，向家长传播幸福教育理念，改变家长原有的观念；同时与周边的单位、所在街道和社区开展合作，定期交流和互动，把学校、家长和社区打造成教育联合体，保持教育理念的一致性，形成学校、家长、社区合育的新格局。

三、重建以儿童为中心的课程，大面积提高教育教学质量

进入21世纪，国家颁布课程标准，取代了传统的教学大纲，自2001年开始在全国设立课改实验区，并使用根据课程标准编纂的新教材。2002年我们学校在当地率先启用了新课标教材。课程和教材变了，课堂教学方式也必须随之改变，自主、合作、探究的新型学习方式进入课堂，小班化、围坐式同伴合作的学习方式成为常态。同时，针对儿童的特点和学校的实际情况，我们重点研发和启动了校本化课程，充分利用寄宿和半寄宿的优势，把下午的时间交给孩子，让他们选择自己喜欢的课程，选择自己喜欢的社团或项目。我们还启动了丰富的活动实践课程，如远足节、体育节、音乐节、科技节、面食节、国学节……丰富多彩的选择性课程，让学生不再局限于“课堂上听讲，回家写作业”这样两点一线的成长方式，而生活在五彩斑斓的教育百花园中，从而充分激发起孩子们浓厚的热情和学习兴趣，提高了他们的校园生活幸福度。

四、重新调整学校结构关系，探索学校管理和运行新机制

通过改变学校管理体制，发挥全体教师共治、共管的作用，进一步推进民主管理，探索教师决策团制度。同时，创新机制，探索“双选”用人机制和考核、奖惩机制，激发全体教师的积极性、主动性和创造性。充分尊重儿童的权利，建立新型师生关系，理顺家校关系，为儿童创造自由发展的空间，使学校回归儿童本位。

实施幸福教育五年，从理念到实践，学校基本形成了自己的办学特色并彰显出办学优势，孩子们喜欢学校，喜欢课程，喜欢老师……校园生活质量不断提高，学校晋升为市级、省级规范化学校，得到家长和社会的普遍认可，受到省、市教育部门的肯定和社会各界的高度关注。学校实现了华丽转身，由一所普通小学跨入当地优质学校行列。

一个星期天，胜利油田分管教育的领导来到学校，听完汇报后给了我们这样的评价：“你们的幸福教育探索为油田教育吹来了一股清风。支持你们继续探索！”在当时以“追分”为潮流的社会氛围中，毫无疑问，这样的评价是巨大的肯定、鼓舞和激励，让我们有勇气、有信心在探索幸福教育的道路上继续跋涉前行！

我们一边研究，一边实践，一边总结，一边提升，逐步形成和完善幸福教育办学体系。2007 年“幸福教育的实践与研究”获得山东省教学成果奖一等奖，这一奖项全省仅有 10 所学校获得，其中小学只有我们一所。

后来我到北京工作，一个考上北京大学的学生来找我聊天，他说：“今年就要本科毕业了，我回忆了一下，一路求学，对我影响最大的还是小学阶段。您当年给我们建设的那间绿色列车教室，让我们觉得十分好玩，特别愿意坐在里面读书、上课、做实验。还有每年春天的‘远足节’，头天夜里我们都兴奋得睡不好觉。第二天我们浩浩荡荡走出校园，走向田野、村落、水边，到草地上沐春风，吃野餐，玩游戏。记得走到一片坟地边上，迟老师拿着一个大喇叭迎着大风对我们进行生命教育。那时我才知道，原来圆圆的坟头里面埋着的都是死人。”

这个学生的话引起了我深思：是什么要素影响了儿童的成长？不仅仅是每天的课堂教学，也不仅仅是机械重复的作业，更不仅仅是各种考试和评奖，还有学校有特色的文化环境、好玩的课程和优秀的教师！而这些，正是实施幸福教育的关键要素！

7 幸福教育能“复制”吗

2007 年 4 月初，学校突然来了一群不速之客。走在前面的是潍坊市坊子区区委书记和区长。此时，刚好下课，他们迎面碰上了一群刚走出教室的小朋友。看到来了客人，孩子们热情地围住他们问好，其中一个小男孩搂住了区委书记，天真地问：“你们也是来听课的吗？”

后来区委书记告诉我：“以前到别的学校去，学生都不敢靠近我们，远远地躲起来偷偷地看。而你们学校的孩子竟然不怕我们这些‘当官的’，为什么？我不懂学校教育，但我知道这里面一定藏着什么密码！”

是的，这是一所让儿童自由生长的校园，是一所捍卫童真、释放童趣的校园，所以孩子们天真烂漫，大气自信，无拘无束，阳光灿烂。

区委书记当即下了决心：请我去帮忙办一所让孩子不害怕的新学校。

坊子区有一所已经停办的职业中学，区委、区政府决定在这座废弃的校址上重建一所高品质的九年一贯制学校，以满足老百姓对优质教育的渴求。然而，如果按照常规“出牌”办学，这所新学校可能要经历漫长的办学过程，而且不一定能够满足社会和家长的需求。于是，区委书记、区长带领区委、区政府、街道、教育部门和企业的人员考察我们学校，商谈引进幸福教育办学。

接到潍坊“借校长”的公函，东营市胜利教育管理中心的主要领导说：“潍坊是山东教育的高地，现在他们到我们这里来‘借’校长，说明幸福教育办学是成功的。我们支持！”后来，主管东营市教育的副市长带队专程到潍坊来考察办学情况。

正是因为有两地领导者的襟怀和远见，我们才有了进一步探索、深化幸福教育研究和实践的机会与舞台。

当我到达潍坊市坊子老城区，面对一座荒芜的校园时，我在想："幸福教育可以在这里'复制'吗？"说实话，当时我心里没数。但是我们坚信，只要把儿童放在校园正中央，让学校适应儿童，就一定会取得成功。

2007 年 4 月开始筹建新学校，一边加快施工，一边招录教师并进行培训，同时研究新课程，只花四个多月就完成了开学前的准备工作，9 月 1 日按时开学。我们是如何快速"复制"幸福教育办学模式的呢?

一、选调执行校长和骨干教师，进行全天候、无缝隙跟岗学习，培养出一批能够实施幸福教育的骨干力量

一般名校承办其他学校，往往采用派出执行校长的办法。这个办法的好处是能够把本校成功的办学经验直接"复制"到新学校，但弊端是外来的执行校长不了解当地的文化和风俗民情，经常会与他人出现矛盾冲突。我认为，比较好的办法是培养当地的校长并传递办学经验。从长远来看，为当地校长和教师装载上幸福教育理念，结合当地的文化传统，更能够创造出适合当地的幸福教育办学模式，更有利于学校保持稳定、持续、优质发展。

正是按照这一思路，当地教育局通过一定程序选拔了一批优秀干部和骨干教师派往我们学校跟岗学习。他们与学校课程、生活等相关部门高效对接，进入部室、学科教研组、教室、食堂、学生宿舍等进行全方位、无缝隙地跟岗观察、学习。在这一过程中，把幸福教育的理念、文化、结构、制度、机制、课程、教学、服务、评价等看清楚、弄明白、学到手。其间，我通过观察和谈话以及每日汇报，发现能

够担负新学校执行校长的后备人选，提交当地教育部门考察、聘用。

二、让学校筹备者参与设计新学校的办学框架、发展战略、组织结构、制度机制、文化体系、课程与教学、运行模式等，让他们成为新学校的中坚力量

新学校的土地、校舍等都是政府的，教师大多是政府在编的。政府对学校的定位是公办民助，公益性质。公办，就是政府主导。民助，就是企业投资，目的是尽快将学校打造成当地的优质教育，并使其发挥示范、引领作用；同时对办学水平和层次相对固化的区域公办学校产生“鲶鱼效应”，以此激发全区学校的办学活力。今天我们不去评判这种办学策略，不过，对当时经济实力不足以支撑优质教育发展的当地政府来说，这未尝不是一种探索和尝试。

鉴于此，我们对学校治理结构的设计，不同于传统公办或民办学校。我们组建了由政府、企业、学校、社会贤达等组成的学校董事会作为学校的最高决策机构；实行董事会领导下的校长负责制，由校长全面负责办学；政府教育部门进行指导和监督，同时政府聘用社会第三方进行中立评价，形成“政府办学、学校管理、第三方评价”的“管、办、评”新型办学治理结构。在学校人事制度上，政府赋予学校更多教师聘用和评价、考核权以及教师退出机制的权力。在工资分配制度上，突破了公办学校教师工资由政府直接统一发放的办法，改为政府拨款，学校考核，按照工作绩效发放。新的学校体制和机制调动起全体教师的积极性、主动性和创造性，弥漫于整个校园的是干事创业、你追我赶的活力与氛围。

从治理结构的建立到课程体系的研发，都是跟岗学习者，也就是新学校筹建者一起参与的。这样，对新学校的组织结构、文化和课程，学校未来的管理者和实施者不仅知其然，还知其所以然。这有利于他们实际开展工作。

三、加强现场体验式培训，重组适应幸福教育的教师队伍

教师队伍对确保幸福教育的实施至关重要。2007 年暑假，我们对全体教师进行了上岗前培训。为了提高培训的有效性，我们采取“准军事化”培训，聘请部队教官进行体能、纪律和生活能力培训，聘请教育专家进行教育理论培训，聘请教学专家进行课程重构和课堂教学能力提升培训……

当然，最多的是对教师的培训，我主要讲幸福教育理念下的办学实践和操作策略，给全体教师传递实用的新思想、新理念、新模式、新策略、新方法、新工具，实现新旧动能的转换，使他们适应幸福教育办学的新要求。教师的培训、讨论、演讲、写随笔、互动，也是他们和新学校的新理念、新文化、新制度、新要求碰撞与相互适应的过程。培训期间，有个别教师放弃进入新学校的机会，退回原来的学校。

四、按照校本化的幸福教育文化体系对校园建筑、环境、设施、设备和校训、校歌、师生的行为准则等进行“文化”

每一所学校的文化都应当是富有个性、独具特色的，因此，我们不可以把东营学校的文化照搬到潍坊的新学校里来。

学校所在的坊茨小镇是 1898 年德国人为获取当地煤炭资源而建设的生活区。“一战”结束后日本接管了德国在坊茨小镇的权益，一直占领坊茨小镇，直到 1945 年中国抗战胜利。坊茨小镇是当地开埠最早、经济发展较快的地区之一，具有独特的文化和风情。

我们组织文化研发团队对坊茨小镇的历史、特色和幸福教育文化进行融合，然后创造出独具个性的学校文化，并将它呈现出来：从校门到院墙，到楼梯立面、走廊、教室，再到课桌椅、教学用具、资料等，对它们全部进行“文化”。校舍不妨是传统的、老旧的，但可以通过添加文化元素、改变色彩、变换呈现方式，化僵硬为温润，化腐

朽为神奇。

学校文化重构和更新，让教师、学生、家长以及社会各界从心灵深处去认同和悦纳幸福教育文化。大家兴奋地看着一所倒闭的旧学校正在“新生”。只有强大的学校文化，才能把身份不一、背景不同、经验迥异、思想多元的一群人团结在一起。

五、建构幸福教育课程体系和幸福课堂教学范式，让学生喜欢学校，喜欢学习

学校计划招收新一年级6个班和二到七年级各2个班。除了一年级，其他年级的学生来自不同的地区和学校。学生原来所在的区域教育水平、学生的学习基础不一样，所以必须基于跨度大、学情杂的实际，构建课程体系和课堂教学范式，让学生能够在短时间内认同和喜欢学校，同时赢得家长和社会对学校的接纳与肯定。

根据当地的情况，我们采用小班化、寄宿制和双语教学模式，与区域其他学校形成差异化办学，探索特色化办学路径。

充分利用寄宿和半寄宿的优势，打破传统的课堂结构，调整课时和长度，以学生的综合素质为核心，以学生的情感发展为轴心，让课程与学生的生活经验高度契合起来，让学生感受到新学校五彩斑斓的学习生活、丰富多彩的实践生活、惊喜连连的体验生活，从而大面积提高学生的生活质量和学业水平。

教学质量和素质教育从来就不是对立的。在老百姓朴素的观念里，好学校教学成绩必须好。学校在这方面交出了圆满的答卷：在区域学业质量监测中成绩高于全区平均水平，初中学业水平考试、中考成绩突出。学生竞赛成绩也非常突出，动漫和计算机等学生社团连续夺得全国比赛一等奖。根据学校组织的学生和家长满意度调查，学生对学校的满意率达到98%，家长的满意率达到96%。学校进入省级教学示范学校和省级规范化学校行列。

六、建设以“公平、自由、效能”为核心的校园管理体制、运行机制，探索现代学校制度

新学校的办学性质不同于传统公办或民办学校，学校必须探索建立现代学校治理结构、管理体制和运行机制。

第一，理清政府与学校的关系。我们进一步理清政府和学校管理的边界，建立管理清单。政府主管部门主要负责加强对学校的宏观管理和指导，重点在教育政策、学校规划、教师编制、人事管理、工资拨付、招生计划、财政拨款、课程资源供给等方面提供指导和支持；同时，加强对学校的监督和督导，确保学校在国家法律、法规的框架内提高办学质量。政府教育部门从微观管理层面退出，给予学校独立的办学空间，真正发挥校长的作用，让其承担起办学的责任。学校办学水平和质量如何，不是由政府督导和管理机构做出评价，而是由政府购买社会第三方的服务，让其进行诊断和评价，以科学、客观、中立的评价结果来衡量和判断学校的办学水平和发展方向。

第二，理清董事会与学校的关系。进一步规定决策机构与执行部门的职责和权限，使他们互不干涉，保持学校独立的办学空间。实行学校董事会领导下的校长负责制，学校董事会是学校的决策机构，学校发展战略、发展规划、发展规模、聘用或解聘校长、财务预决算等重大事情，由董事会决策。董事会不介入学校办学层面，不干涉学校管理事务，保障和支持学校独立、自主地办学。

第三，理清学校内部的关系。学校组建校务委员会，设立教师代表大会和教师决策团，形成校方和教师集体对等制衡的治校结构，形成“决策 — 执行 — 反馈”的管理体制。决策，由教师代表大会、教师决策团负责；执行，由学校管理部门、各个级部、各个管理和服务实体负责；反馈，由督导评价部门统合上级教育部门评价，第三方评价，本校教师、家长、学生评价而成，为执行系统提供工作标准，为改进决策提供依据。由于学校拥有一套内部评价系统和纠错机制，在

政府反馈给学校的第三方评价中学校的成绩和成效是稳定的，社会满意度在本地区是最高的。

七、重启用人机制和绩效工资制度，建设能够激励教师队伍发展的机制

新的学校治理结构如何既能发挥公办体制的优势，又能借鉴民办体制的灵活，设计出让教师拥有幸福感的人事制度和工资制度？

在人事制度方面，学校采取以年级为单位双向选择的上岗办法，“双选”为教师自由流动提供了机会，也为教师发挥更大作用、实现人生价值、寻找职业幸福提供了舞台。

在工资制度方面，确定“选择岗位 → 选择工作量 → 考核工作质量 → 奖励”体系，教师的绩效工资由“工作量点数 + 工作质量点数”构成，按照点数发放工资，实行多劳多得、优劳优酬的分配机制。新的绩效工资制度倒逼教师对自己的师德和教学水平进行反思与提升，可以让教师队伍持续释放活力，充分实现人生价值。

幸福教育在潍坊的尝试和探索，引发了各方面的关注。2011 年《人民教育》报道了潍坊市坊子区实施“管、办、评”办学运行机制的实践经验，中央电视台对其做了专题报道。后来“管、办、评”办学运行机制被写入教育部、国务院和党中央的相关文件中。

我在那里当校长的时候，省、市领导和教育部门以及学界专家、各地教育同人纷纷前来考察与参访，不是因为我们学校比其他学校更优质，而是因为幸福教育的办学效果和效应引起了大家的关注。

8 将幸福教育“放大”到农村

潍坊市坊子区委、区政府引进幸福教育并不是为了办好一所学校，而是通过引进先进教育理念和办学模式发挥“鲶鱼效应”，带动区域教育高位、优质、均衡、快速发展。

2008 年区委、区政府决定在坊子区继续扩大幸福教育办学试点范围。这年暑假，我兼任了一所农村小学——凤凰小学的校长。在聘任仪式上，坊子区教育局局长向我颁发了聘任证书。同时出席聘任会的还有刚组建起来的凤凰小学理事会成员，包括教育局、街道领导和片内三个村的党支部书记、村委主任以及社会贤达等。

2008 年 9 月开始在凤凰小学推进幸福教育办学模式，2009 年在总结此前经验的基础上，纳入 6 所规模最大的乡镇驻地小学继续扩大试点，到 2010 年全面铺开，由潍坊市北海双语学校和 12 所农村小学组建起“潍坊幸福教育学校联盟”，由我担任总校长。

联盟内学校的校长，由幸福教育研究中心提名，由政府教育部门按照组织程序进行考察和聘任，施行“管（教育局）、办（幸福教育研究中心）、评（社会第三方）”相对分离的办学运行机制。

联盟内的学校倡导共同的理念和文化，根据各校实际重构校本特色课程体系，统一培训教师，加强联合教研，引导教师改进教学方式，提高教学质量。经过努力，12 所农村小学从校园文化到课堂教学质量均发生巨大变化。例如，联盟内的学校在全区教学质量监测中学业成绩提升幅度最大，有两三所农村小学学业成绩超越了城区小学平均水平。

联盟学校占了全区学校总数约三分之一。有人感到奇怪：你一个人，在两个城市之间来回跑，怎么还能够同时管理好12所农村小学？

实际上参与联盟学校管理的还有幸福教育研究中心的两位老师。有人关心地问："两个人就能够完成12所小学的管理任务？"我说："是的，就两个人。因为我们的联盟不是靠'人治'，而是靠'法治'和'文治'"。总结一下，关键有以下两条。

一是选择校长的机制很重要。我们先对联盟学校的后备校长进行集中培训，给他们装载上幸福教育理念与文化；然后考察、遴选校长人选，由幸福教育研究中心提名，由教育局考察、任命。选择校长是幸福教育研究中心和教育局互动、协商的结果，他们都不能随意解聘校长。这样既能选拔出有思想、有理念、有追求、有激情、有干劲的校长，又能为校长按照教育规律自由、自主办学提供相对宽松的办学空间和政策环境。当校长倾尽全力聚焦于教育教学时，哪有办不好的学校？这实际上从机制上确保了联盟内学校校长队伍的稳定性和持续性，用"机制"屏蔽"人治"因素，让校长保持平静而笃定的职业发展信念和态度。

二是管理机制很重要。我们以一个学年为阶段，设计了一条"办学赛道"，即在学校管理、日常运行、教师发展、课程实施、学生生活质量提升、家校合育等方面铺设了公平、科学的赛道——结构化的办学评价标准，让所有学校在赛道上撒开腿奔跑。跑得快不快、跑得好不好，是校长自己的事，是各所学校的事，幸福教育研究中心的两位老师只是通过评价体系检测出每个月谁跑得快、谁跑得好的诊断数据，然后向总校长反馈诊断结果。根据总校长的要求和建议，校长和学校去改进自己的工作。然后，再进入下一阶段的"办学赛道"。

在潍坊的实践探索，为幸福教育办学积累了更加丰富的经验。

一是对如何促进区域城乡教育高位、均衡、快速、优质发展提供了一种范式。

二是为国家提出的"管、办、评"办学机制提供了丰富的办学实践经验。

三是通过“联盟”这一孵化器培养一批优秀校长。当年联盟学校培养的很多校长现在仍然活跃在坊子区，还有多位优秀校长到全国各地去发展。

在我离开潍坊调往北京时，坊子区人大常委会授予我“功勋人物”，向我颁发了一枚沉甸甸的金质奖牌，算是对我这段办学经历的充分肯定。

9 幸福教育“走向”首都

2010年5月《人民教育》以35000多字的篇幅刊登了记者李振村先生撰写的长篇通讯报道《高峰：一种幸福的教育行走》，生动描述和展示了幸福教育办学实践探索。这篇报道在全国引起不小的反响。正是在那个月末，我应约来到北京，商谈引进到海淀区担任校长事宜。

实际上，收入、待遇、住房、孩子上学、社会地位等个人利益不是我来北京的“驱动力”。我来北京最大的愿望，就是想把幸福教育引进首都，利用首都丰富、优质的教育资源，继续尝试、探索、凝练、总结、提升、传播幸福教育。

2011年3月的一个下午，虽有春意，但依然寒峭，北京市海淀区教育工委领导到玉泉小学宣布了我担任校长的决定。教委领导宣布完任命后离去，我则独自面对会议室里140位一个也不认识的教职工，大脑在快速转动：如何让这样一所经过五十多年发展、积淀了自己传统和文化的学校，与幸福教育结合起来，创造出切合学校实际、能快速提升师生生活质量、让老百姓满意的优质学校？

毫无疑问，来到北京，我要面对新挑战。首先，我要沉下来，进入这所学校的历史长廊，了解学校发展的历史。我吃惊地发现，这所看上去非常朴素的小学，其实她的血脉里流淌着纯正的红色基因——

1960年5月5日，罗荣桓元帅批准创办中国人民解放军政治学院子弟小学；1967年，学校与中国科学技术大学附属小学合并，移交海淀区管理。历史上玉泉小学属于海淀西南地区一所办学质量较高、规模较大的学校。2006年又与附近两所学校合并，其中一所是村小。学校合并不仅把原玉泉小学的教学质量拉低了，也把教师的工资水平拉低了。这自然引起教师的不满。2010 年进行绩效工资改革时教师有许多不满情绪，此时玉泉小学进入一个艰难的时期 —— 由于各种原因，学校没有进入海淀区教学示范校和德育示范校行列。当然，这是特定时代背景下学校在一个发展阶段多重矛盾汇集的反映。

有一位其他学校的校长住在我们学区内，她告诉我，她们小区每天早上要发走两趟学生班车——你们的学生流到其他学校去了！

那个春季我做了很多调研，包括与教师和家长座谈、个别谈话、向教师发放问卷、访问退休教师、询问周边单位等。通过这些调研，我得出一个判断：虽然已退休的老校长和新来主持工作的书记做了大量艰苦工作，但特定历史条件下名校对生源和优秀教师的虹吸效应以及绩效工资降低引发的矛盾，共同造成学校步履维艰。

如何凝聚人心，重整旗鼓？我选择了一个柔性切入点 ——文化。

成立学校文化研究院，邀请已退休的老校长和有思想、有创意的教师参与学校文化研究。从学校的历史出发，分析学校走过的路程，梳理经验和教训，考虑目前的办学现实，面向学校美好的未来，初步制定出办学方案 ——《玉泉小学发展纲要》，然后提交全体教师讨论。

为什么要制定这样一个纲要？希望借此让教师形成幸福教育价值观，拥有一致的追求。事实证明，我的想法是对的：全体教师反复讨论的过程，也是他们重新认识学校，解放思想，统一思想再出发的过程。

《玉泉小学发展纲要》以幸福教育理念为导引，结合玉泉小学校情，确立了“让儿童站在校园正中央”的办学理念，重构治理结构，建构起“德如玉，智如泉”和“玉泉人，育全人”的文化体系，设计了三段九年的发展战略，打造出课程重构、学程再造的质量提升系统，在治理结构、管理体制、运行机制、人事与工资绩效考核方案、奖惩制度、课程、学程、教师发展、班级生活质量、家校合育、与社区和社会合作等方面进行了整体升级建构。

当然，任何工作的推进，在方向确定后，面临的最大问题就是

“人”这一因素。

要想快速改变学校面貌，就必须尽快把教师发动起来，使其接纳幸福教育理念并自觉践行。但是，哪有这么容易的事！然而，只要建立起人性化的机制，全体教师达成共识，校长率先垂范，班子成员全力配合，形成一个战斗集体，解放思想，转变观念，全体教师就会跟上来。只要紧紧依靠全体教师办学，动员全体家长参与办学，就一定能够实现我们所追求的办学目标。

在潍坊创办新学校时，教师全部是新招的，很容易用统一的文化和理念把他们引领到同一条道路上来；而改变这样一所老学校就要复杂得多，艰难得多，因此不能急着赶路，也不能急拐弯，要采取整体设计、分步实施、逐渐推进的策略。

经过十年的奋斗，到 2021 年，我们完成了 2011 年提出的发展规划，由一所普通的学校进入海淀区首批新优质学校行列，办学质量得到了老百姓的认可，毕业的学生受到了对口中学的欢迎。这最直接、具体的体现就是生源不断增长：2011 年学校有 1400 多名学生，到 2021 年学校有 3400 多名学生，在招生范围未变的情况下，净增加了 2000 多人。

在区域学业质量监测、学生竞赛成绩、学生幸福度调查、社会满意度调查等几个维度上，学校都名列前茅。例如，在社会评价中，学校的知名度、美誉度排在前列，在 2015 年《新京报》组织的社会评价中获得北京市“最具幸福感的学校”称号。

在建校 55 周年之际，中国科学院和海淀区签署协议联合举办玉泉小学，学校加挂“中国科学院附属玉泉小学”的牌子。

玉泉小学连续八年获得北京市基础教育课程建设优秀成果一等奖，“创建幸福教育育人模型，探索立德树人教育路径”荣获北京市基础教育教学成果奖二等奖，学校还荣获北京市基础教育课程建设先进单位。

10 在更遥远的地方“播种”

2019年冬季的一天，云南省宁洱县县长等人来到北京，参访玉泉小学，表达了对幸福教育团队几年来在宁洱支教扶贫中做出贡献的感激之情。

不久，宁洱县教育局局长兴冲冲地给我打电话，说幸福教育在宁洱“手拉手”帮扶的两所薄弱农村小学在全县的教学质量监测中取得了不小的进步，成绩进入全县前列。

让幸福教育走进大山，帮助更多学校不断走向优质，帮助更多区域不断走向教育均衡，一直是幸福教育的社会责任和使命担当。

教育部负责滇西南的扶贫工作，由教育装备研究与发展中心负责对口帮扶宁洱县。2015年的一天，该中心挂职宁洱县的副县长给我打电话说：“扶贫先扶智，关键在于提高教学质量，而提高教学质量的关键在于提高教师的教学水平。我们注重了对学校硬件的投入和支持，但是对教学的指导还是一个短板。希望您能够来宁洱看看能否在教学上提供支持和帮助。”

利用暑假，我走访了宁洱县几所学校，发现校舍都是前几年地震后新建的，教学装备也先进。虽然正值假期无法听课，但看看校园文化的刻板、落后，听听校长的办学叙说，我知道学校在办学理念、校园文化、办学方式、办学方法上都存在很大的改进和提升空间。

我们来到山上的一所小学。上海某单位捐赠的一架价值不菲的钢琴静静地躺在一间大房子里，用红色绒布盖着。校长说，这架钢琴从放在这儿那天起，就没有人动过，因为全校没有人会弹钢琴。同去的北京艺术教育专家郭老师试着弹了几下，摇摇头说：“哎，好东西放坏了！”

如何实现精准扶贫？很多时候不是硬件问题，而是人的境界、理念、思想、方式、方法的问题。例如，懒惰的人、没有羞耻感的人，是永远扶不起来的；你越是帮扶，他越是懒惰，甚至成为高级乞丐。只有办好学校，提高人的素质和境界，才是解决扶贫问题的好办法。

我们选择了遥远、偏僻的普义乡中心校作为帮扶对象。帮扶，就需要人力和资金支持。我们向社会、企业和慈善、爱心人士筹措资金，与有资质的基金会合作，资助普义乡中心学校的校长和教师到北京来跟岗学习；同时派出幸福教育学校联盟的骨干教师前去“手把手”地示范和指导教学。

经过持续三年的帮扶，学校发生了巨变，普义乡中心校教学成绩进入全县的先进行列，我们三年一个周期的帮扶也告一段落。

2018 年春天，在宁洱挂职的新副县长和新任教育局局长一起来北京，提出希望我们继续帮扶宁洱教育，特别希望能够帮扶两所最薄弱的农村学校。我提出，原来对普义乡中心校的帮扶，只是提供教学层面的指导，如果学校的理念、文化不改变，深层次的体制、机制不改革，普义乡中心校是否能够持续优质地发展，还有待观察。如果县里下决心要改变学校面貌、大面积提高教学质量，就要引进幸福教育育人模型，推进学校全方位改革，特别是体制、机制方面的改革。我们达成了共识：在两所薄弱学校“复制”幸福教育育人模型。

教育局局长做过教师，在乡镇政府和县政府工作过，是从县发改委主任转任教育局局长的，一心想改变当地教育的落后面貌。经过接触，我知道这是一位充满正义感、富有责任心的局长，也是有激情、有担当的局长。有了这样的局长，幸福教育落地就有了可靠的保障。

2018 年暑假，我们启动了两所帮扶学校的改革工作。首先，通过公开招聘，重新聘任了有事业心、有激情、能担当、有干劲的校长，重组学校管理团队；通过双选组织教师上岗，制定考核方案，启动教师考核与奖惩机制；重新规划课程和教学，加强指导；加强制度建设，规范管理，提高管理水平；重构学校文化，并使其逐步在校园里呈现出来……

由于长期管理体制僵化、人浮于事，学校遗留的问题较多，改革推进的过程异常艰难。但是经过我们的坚持、坚守，教师队伍发生了可喜的变化，学校面貌为之一新，教育教学质量每个学期都在进步，得到了政府、社会和老百姓的认可。

实际上，我们不仅对签订协议的两所学校进行帮扶，每年还对全县校长和教师进行多次培训，并举行送教活动。

十几年来，幸福教育“手拉手”帮扶了众多学校，从黑龙江到青海，从内蒙古到云南，大江南北，长城内外，全国100多所学校组成了幸福教育学校联盟，大家一起思考，一起实践，一起改进，一起分享。正因为有这样一群志同道合的人一起行走，我们才能在幸福教育的路上走到今天，也会充满活力地走向未来。

11 幸福教育何为

幸福教育理念和办学实践符合儿童发展规律，符合教育规律，符合学校管理规律，不论是农村学校还是城市学校，不论是公立学校还是民办学校，不论是小学阶段还是中学阶段，都能够办出优质教育，办成“学生向往、教师幸福、社会满意”的好学校。

2016年安徽省阜南县新任教育局局长来北京找到我们，提出引进幸福教育，帮助当地建设一所标杆性、示范性优质学校的请求。

阜南是皖北淮河边上一个拥有170万人口的大县，外出务工人员达到80万。那一年冬季我去考察了阜南教育，当走进农村小学教室，看到那些留守孩子个个小手、脸蛋冻得通红，一脸迷茫地望着我们的时候，我一阵阵心痛，当时就流出了眼泪。

国家很大，地区发展极不均衡，孩子们的生活条件、接受的教育也极不均衡。作为幸福教育践行者，在做好自己分内工作的同时，我应该承担起社会责任，团结和带领更多同道者，尽己所能地去帮助更多孩子享受幸福教育。

我们与当地教育局通力合作，选拔了一批骨干教师来到北京，进行了一个学期的跟岗培训；然后让他们回到阜南，研究适合当地的幸福教育理念与文化，并将其纳入办学实践中。

现在，阜南县玉泉小学已经成为阜南义务教育均衡、高位、优质发展的标志性学校。2019年《人民政协报》在北京组织阜南县教育研讨会，与会专家对阜南教育均衡、高位、优质发展模式给予了充分肯定。2021年春天在阜南县玉泉小学召开了全国幸福教育办学实践研讨会，全面介绍了阜南县玉泉小学实施幸福教育的做法，引来了来自全国各地与会人员的赞誉。

有一次安徽省电视台的人员来到北京采访我们，问了一个问题："幸福教育帮扶阜南教育，获得了哪些利益？"

我说："这就是一种公益帮扶，个人没有任何获利。如果说有，就是让幸福教育学校联盟的所有校长和教师因为担当更多社会责任而站得更高，看得更远，做得更好。"

从2007年召开第一次全国幸福教育大会开始，到2021年召开全国幸福教育办学实践研讨会，我们对幸福教育办学经验不断进行总结、提升、传播，把幸福教育育人模型"复制"到更多学校。

哈尔滨城乡接合部的一所小学校长找到我，要求加入幸福教育学校联盟。这所学校办学经费异常困难，连续三年采暖费没有着落，校长去外省市一趟都不容易。但是每次幸福教育办学实践研讨会召开时，她总是想办法参加。她说："每次开完会，我都会装满前进的动力。办学再艰难，我也要想办法坚持下去，为孩子们打造幸福教育生活！"

企业需要保护商业秘密，那是因为怕别的企业抢占商机。而教育是大爱无疆的事业，如果能够帮助别人办好学校，让更多孩子更好地成长，让更多人受益，就应该传递、播撒办学经验。

我们到青海、黑龙江的联盟学校去帮助他们诊断、提升，去内蒙古的蒙语学校帮扶、支教……每年接纳几千名来自全国各地的参访者在北京学习，邀请和赞助老少边穷地区的孩子们来北京参加活动……所有这些只为一个目的，就是让更多孩子能够享受到幸福教育！

通过募捐活动，幸福教育学校联盟每月向全国160多所农村小学免费邮寄《军事文摘·科学少年》《当代教育家》等杂志，希望那里的孩子和老师也能够阅读到优秀期刊，获取前沿信息。这几年我们还通过基金会向偏远地区的中小学捐赠图书50000余册。

幸福教育何为？幸福教育就是要让更多孩子拥有幸福童年，让更多家庭收获幸福，为国家培养合格的未来公民。

第三章

幸福教育的原理和文化

12 人生的所有问题都归结为幸福问题

对人生价值的追问，从古至今人们没有停歇过。“我是谁？”“我从哪里来？”“我要到哪里去？”人们在不断地探索人生的价值和意义。“冥思苦想什么是预言、天意和命运……什么是幸福与最后的痛苦……找不到头绪，就像徜徉在迷宫中迷失了方向。”①人生的哲学问题，就是人生的幸福问题。

心理学家弗洛伊德、华生等人，主要研究病人的心理问题。而马斯洛则研究正常人的普遍心理。他提出需要层次理论，认为人在不同时期各种需要的迫切程度是不同的。

一是生理的需要。即饥、渴、衣、住、性等方面的需要。

二是安全的需要。即保障自身安全、摆脱失业和丧失财产威胁、避免疾病侵袭和接触严酷的监督等方面的需要。

三是归属和爱的需要。即人人都需要伙伴之间、同事之间的融洽关系、友谊和忠诚；人人都有一种归属于某个群体的感情，希望成为群体中的一员，并相互关心、相互照顾。

四是尊重的需要。人都希望自己有稳定的社会地位，希望个人的能力和成就得到社会承认。尊重的需要可分为内部尊重和外部尊重。内部尊重就是人的自尊；外部尊重指一个人希望有地位、有威信，受到别人的尊重、信赖和高度评价。

① 怀特.幸福简史[M].杨百朋，郭之恩，译.北京：中央编译出版社，2011：7.

五是自我实现的需要。指实现个人理想、抱负，最大限度地发挥个人的能力，完成与自己能力相称的一切事情的需要。①

按照马斯洛的观点，人们对不同人生层次的追求、满足自己不断“升级”的需要，是人生前进的驱动力。

在人生的不断追求中，在各种层次的需要满足之后，人们获得了什么？满足感和拥有感。毫无疑问，这就是幸福感。人们对自我需求的不断追求、不断实现，就是对一个个不同层次幸福的追求过程。

中外先哲从不同侧面对人生与幸福阐发了自己的见解。以孔孟为代表的“以德祈福”论，主张“君子忧道不忧贫”。荀子则抛弃了孔孟的道德幻想，以理性主义的眼光提出了“德福统一论”，强调个体幸福与群体幸福的统一。追溯西方的幸福历史，感性主义从感性领域来定义幸福，走入享乐主义；而理性主义对幸福的一味追求则使幸福失去现实生活的基础。②

总而言之，虽然人在不同的阶段有不同的幸福追求和感受，但是人的一生，其实就是一个不断追求幸福的过程。因此，人生的所有问题都归结为幸福问题。

马克思主义批判地继承了西方幸福论的精华，把物质生活幸福和精神生活幸福、个人幸福和集体幸福、暂时幸福和长远幸福、创造幸福和享受幸福科学地结合起来，建立起马克思主义的幸福观。③这是我们应该秉持的幸福教育观。

---

① 马斯洛. 马斯洛人本哲学[M]. 成明，编译. 北京：九州出版社，2003.

② 沙洪泽. 教育：为了人的幸福[M]. 北京：教育科学出版社，2005.

③ 冯俊科. 西方幸福论：从梭伦到费尔巴哈[M]. 北京：中华书局，2011.

13 幸福教育的重要观点

在研究了人生与幸福、教育与人生、幸福童年与幸福人生的关系后，幸福教育建立起自己的话语体系，表达了自己的观点。

一、幸福是人生的目的和道德标准

人们可以追求地位、财富、名声、权势等，但拥有这些并不意味着获得了幸福。从人性来讲，人活着，就有追求，追求中伴随着本质性的东西，那就是幸福。人的本质和发展，就是为了追求幸福。

亚里士多德论人生的目的与德行的意义时指出，人生的目的是善，最高的善就是幸福，而有德行的生活是一种合乎理性的活动。费尔巴哈说，生活和幸福原来是一个东西，一切追求，至少一切健全的追求，都是对幸福的追求。恩格斯说，每一个人都追求幸福，是一种无须加以证明的颠扑不破的原则。①

梁漱溟先生在《这个世界会好吗：梁漱溟晚年口述》一书中认为，人类面临三大问题，先要解决人和物之间的问题，即获取人生幸福的物质条件；接下来要解决人和人之间的问题，即建立良好、幸福的人际关系；最后要解决人和自己内心之间的问题，即安放自己的灵魂，寻求幸福的人生。在解决这三大问题的过程中有一条主线，就是

① 麦马翁.幸福的历史[M].施忠连，徐志跃，译.上海：上海三联书店，2011.

人在不断地追求一生的幸福。[1]

教育是帮助人获得幸福的手段，因此，幸福教育的使命就是为儿童获得人生幸福奠基。

二、帮助人们获得人生幸福是教育的根本目的

教育本身不是目的，而是帮助人们获得幸福的手段。要让教育指向人的生命意义。[2]但今天我们常常忘记了教育目的，而把教育手段当成了教育目的。当教育手段和教育目的颠倒的时候，就会把追求分数作为学校教育的唯一目的，从而忘记教育是为了帮助人们获得人生幸福这一根本使命。

人生的目的，就是教育的目的。教育无非就是要帮助人们多快好省地实现人生的目的。“人不是为了活动而活动，也不是为了发展而发展。当他的活动、发展离开了安顿自己情感的目的时，它们就有可能成为人的异己物。”[3]

教育是为了帮助人们获得幸福而存在的。如果教育只是为了名誉、为了利益、为了功利，那么就必然走向功利化的歧途。

三、学校的功能是帮助儿童幸福地成长

儿童不仅是他本身，也是一个家庭的希望和依托，还是一个民族的未来。

---

① 梁漱溟. 这个世界会好吗：梁漱溟晚年口述[M]. 艾恺，采访. 上海：东方出版中心，2006.

② 李小鲁. 教育作为人的生存方式[M]. 广州：广东教育出版社，2007.

③ 刘次林. 幸福教育论[M]. 北京：人民教育出版社，2003：119.

联合国《儿童权利公约》赋予了儿童拥有的权利。[1]儿童也拥有幸福的权利，拥有与成人一样的尊严与体面。我们既不能把儿童视为小大人，也不能漠视他们的存在价值，而要尊重儿童作为人的主体价值。

孩子童年的不快乐可能持续一生。“帮助孩子在儿童期巩固快乐的根基，让孩子的一生都能快乐地茁壮成长。”[2]孩子是未成年人，与成人一样渴望幸福地成长。因此，保护童真，激活童趣，尊重儿童的自由，为儿童创造幸福的生活，就成为学校教育的必然选择。

不论是国家、社会还是个人，设立学校的唯一目的是让孩子更好地成长。学校一定是为儿童而建的，学校的一切设计和运作，都必须是为了让儿童站在校园正中央。

罗素曾大声疾呼：“想一想吧：健康、自由、幸福、和谐、智慧全都会成为普遍的现实。如果我们愿意，在一代人的时间里，我们就会创造出理想的太平盛世。”[3]

四、只有教师幸福，学生才能幸福

教师比其他职业从业者更应该拥有感知幸福、收获幸福、播撒幸福的能力，因为教师面对的是天真烂漫、纯洁无瑕的儿童。

只有把教育当作幸福的创造活动，教师才能过上幸福的教育生活。教师在课程研发中创造，在课堂教学中创造，在与学生的互动中创造，在与家长的讨论中创造，在看到学生的点滴进步中创造，在聆听生命拔节的声音中创造……“幸福的教师必然能打造幸福的人生，

① 霍奇森．受教育人权[M]．申素平，译．北京：教育科学出版社，2012.

② 哈洛韦尔．童年，人生幸福之源：培养乐观的方法[M]．覃薇薇，译．杭州：浙江人民出版社，2013：9.

③ 罗素．罗素论幸福人生[M]．桑国宽，欧阳梦云，倪莎，等译．北京：世界知识出版社，2007：376，377.

能造就幸福的学生。”①

既然学生的幸福观、幸福品质和幸福能力主要从教师那里获得，那么一个不幸福的教师，就很难把幸福的因子传递给学生。

如何让教师获得幸福的生活？既要提升教师对职业幸福的主观感受力，也要为他们提供客观的幸福生活场景，还要积极地为他们打造物质的幸福生活、精神的幸福生活和心灵的幸福生活。

五、幸福教育课程体系是培养儿童感知幸福、享受幸福和创造幸福能力的关键

课程，是儿童成长的媒介。儿童在哪里成长，课程就会伴随而生。一个在社会上流浪的儿童，其生活环境和接触的所有人都会构成他的成长课程。也就是说，学校并不是课程的唯一提供者。如果学校课程的设计和实施做不到以儿童为中心，那么，对儿童来说，学校课程就是虚化的。

“儿童的世界是一个具有他们个人兴趣的人的世界，而不是一个事实和规律的世界。”②学校提供什么品质的课程，就将培养什么品质的人。要让儿童拥有幸福的童年，进而拥有幸福的人生，就必须建构起幸福教育课程体系，并采取相应的、有效的课程实施方式。

幸福教育课程体系强调主观和客观两个方面的建构：一是儿童自身对幸福的感知能力的培养，二是儿童对获得人生幸福所需要的智慧和能力的自我建构。

学校是通过幸福教育课程建构来帮助学生获得幸福的；通过幸福课程和幸福课堂的实施来帮助学生获得对幸福的感知能力，培养学生

① 刘猛，张英华. 教师的幸福在哪里：四大途径有效提升幸福感[M]. 北京：九州出版社，2009：3.

② 蒋雅俊. 杜威《儿童与课程》研究[M]. 福州：福建人民出版社，2017：封面.

创造幸福的能力，为学生获得人生幸福奠定基础。

六、把学校建设成师生共同享受幸福生活的场所

未来国家之间的竞争，归根到底是今天坐在教室里的儿童之间的竞争。从某种意义上说，学校决定着国家的未来。因此，学校必须变成一座幸福的田园，让师生和谐共处、幸福成长。

教师必须成为学校的主人，享受民主、公平、自由的生活。只有这样，教师才能感受到职业幸福。学校的理念、文化、结构、组织、制度、机制、评价、奖励等管理要素要指向教师的幸福感，学校要在物质、精神与心灵三个层面向教师提供和注入幸福因子，帮助教师获得职业幸福感。

家长是学校实施幸福教育的“合伙人”，由家庭构成的社区或村落是学校育人的同盟军。学校要通过家校合育让家长成为教师的合作者；同时，学校应居于社会道德高地引领家庭共同建设幸福社区，为儿童创设良性、健康、文明、幸福的成长环境。

幸福教育的哲学就是：只有耕耘出肥沃的田野，才能收获饱满的种子；只有建构起幸福教育体系，才能让孩子们拥有幸福童年和幸福人生。

14 幸福教育文化的构成

一次国庆节期间，我碰到了一个在外地读大学的学生，她想到校园里来看一看。此时，校园里没有老师，但她还是想进校园转一转。她小学在玉泉小学就读，中学在北京市十一学校就读。她告诉我，刚到大学读了一个月的书，特别想念母校，怀念老师，所以放弃了去外地旅行的计划，回到北京，先是到十一学校，然后到玉泉小学，就是为了看看母校，看看那些熟悉、亲切的场景，闻闻那些曾经、特殊的味道，以解自己的思念之苦。

这就是学校文化迸发出来的力量。

如果一个孩子毕业后对自己的母校和老师没有思念之情，甚至抱怨、愤恨他们，那么我们的学校教育就彻底失败了。而如果我们培养的是热爱母校、不忘师恩的孩子，将来不论他做什么，我们相信，他一定会是一个幸福的人。

“学校是文化教育机构，是传播知识、培育人才的场所。”[①]学校文化是由师生所创造、为师生所拥有的。文化既包括世界观、人生观、价值观等意识形态部分，也包括科学、技术等非意识形态部分。

幸福教育有自己独特的文化，它由显性文化和隐性文化两大部分构成。

显性文化由理念、制度、校训、标语、符号、服饰、仪式、颜

① 高益民. 学校文化凝炼[M]. 北京：教育科学出版社，2013：1.

色、话语体系、行为模式、建筑物等有形物组成，看得见摸得着。无处不在的显性文化可以滋润和影响师生。

隐性文化是体现在师生的言语和行为中的，看得见但摸不着。

15 幸福教育的共性文化

所谓幸福教育的共性文化，是指有关原则性、方向性、统一性、开放性的文化，能够使幸福教育与其他教育区别并凸显出来。

在组建潍坊幸福教育学校联盟的时候，我们向政府提出了一个请求，就是拨付专项经费，用以建设联盟内 12 所学校的统一的共性文化。我们用简洁、省钱的办法，对 12 所学校进行了校园文化改造。

走进潍坊幸福教育学校联盟内任何一所学校，都会看到统一的校门、统一的颜色、统一的标识。这些共性文化实际上给教师和家长一个强烈的暗示：这是实施幸福教育的学校。

幸福教育的共性文化有以下主要内容。

一、幸福教育理念

幸福教育就是追求以儿童为本位，以课程为核心，以学程为路径，通过教师幸福地教和孩子幸福地学，使教育目的和教育本质回归人自身。

遵循教育常识，尊重儿童成长规律，对教育的自然性和社会性进行融合，办出“让人成为人”的教育，是幸福教育的价值追求。

二、幸福教育目标

实施幸福教育，让每一个孩子拥有幸福人生。

“幸福人生”有两层含义：第一，让课程指向每一个孩子，在培养孩子幸福感知力的同时，创设出生动活泼、丰富多彩、健康快乐的学校生活，让每一个孩子拥有幸福童年；第二，发现每一个孩子的个性和潜能，在习惯、学业、思维、道德、情感、社会性等方面为孩子拥有幸福人生奠基。

三、幸福教育愿景

建设一所让儿童做梦的伟大学校。

所谓“伟大学校”，就是“学生向往、教师幸福、社会满意”的好学校。

四、幸福教育追求

“公平、自由、效能”，这是幸福教育的特质，是我们孜孜追求的校园生态。

只有公平，才能让师生拥有尊严；只有自由，才能让师生拥有创造力；只有效能，才能建成幸福校园，并能让师生享受幸福生活。

五、幸福教育使命

捍卫童真，尊重天性，激活童趣，让每一个儿童都得到个性化的充分发展。

通过幸福教育课程的设计和实施，关注差距，尊重差异，让每个孩子走上适合自己的发展路径，让每个孩子成为自己，幸福地度过一生！

六、幸福教育环境

设计和建造符合儿童天性的教育环境，打造和形成尊重儿童幸福成长的文化，让儿童在优良的教育环境中成长。

校门应立足儿童视角，让孩子们看到就喜欢。校园建筑要有曲折，有变化，有层次。教学楼要便于孩子们生活，便于师生互动。例如，走廊一定要宽敞，便于孩子们游戏、通行。所有教育空间都要“文化”，将学校文化体系完整、有序、有层次、显性地表达出来。徽章、校服、教案、记录本、笔、书袋、礼物等有形物都要彰显学校文化特色。

16 幸福教育的个性文化

学校所处的地域不同，所拥有的资源不同，因此“这一所”学校的文化一定不同于“那一所”。只有当一所学校拥有自己独特文化的时候，才能真正彰显学校的特色和与众不同。

幸福教育倡导和鼓励每所学校在幸福教育共性文化的引导下，结合本校实际，建构属于自己的个性文化。所谓个性文化，指的是每所学校基于区域、历史、风俗等凝结成的、具有丰富特色的文化。

一、校训

应结合学校实际，形成自己独特的校训。可以从地域文化、历史传承、校名特点等角度考虑，从校园里生长出独特的校训。校训要简约、直观、明了、易记，通过师生讨论进行内化，让教师、学生、家长、社区居民、学校访问者过目不忘，存记心中。

例如，玉泉小学的校训是“玉不琢，不成器”。这样的校训既与校名中的“玉”相关联，又与教育使命“培养大器”相融通。

二、教风、学风与校风

教风决定学风，学风决定校风。应基于学校教师的优秀传统和行为，提取构成教风的要素；再根据教风，提炼学风；在教风和学风的基础上，师生讨论，达成共识，形成独特的校风。校风要统领教风和学风。

例如，玉泉小学的校风是“如切如磋，如琢如磨”。这样的校风既表达了校名中“玉”的内涵，又与中华民族优秀传统文化相传承，还与教育的特性相一致。

三、学校的颜色

我们赋予幸福教育翠绿色，翠绿色代表旺盛的生命力量。应根据学校的历史渊源、区域特色、文化传统、花草树木、地形地貌等确定学校个性化的颜色，一般不超过三种。校园建筑、文化标识、校服、用具用品等，要注意颜色搭配的合理、美观。

例如，玉泉小学选择红色、绿色和蓝色。红色代表军旅文化，因为学校曾是一所部队子弟小学；绿色代表科技文化，源于中国科学院与学校的渊源，同时关照到幸福教育的颜色；蓝色代表梦想文化，因为学校生源大部分来自航天系统。这三种颜色既关照到了幸福教育的颜色，也与学校的历史渊源、文化传统相关，又与学校的地理位置相连。

四、校花

校园里独特生长，或当地最有特色，或具有特别含义的花草，经过师生的选择，都可以作为校花，并赋予它校本的含义。

例如，玉泉小学的校花是玉泉花。这是一种虚拟的花。

五、校树

校园里独特生长，或当地最有特色，或具有特别含义的树木，经过师生的选择，都可以作为校树，并赋予它校本的含义。

例如，玉泉小学的校树是幸福树。它表示玉泉小学是一所实施幸福教育的学校。

六、吉祥物

学校的历史渊源、区域特色、文化传统、花草树木、地形地貌等，经过师生的选择，都可以变身为学校的吉祥物，可以赋予其特殊的含义与解读。

例如，玉泉小学的吉祥物是小蚂蚁。小蚂蚁代表着“团结一致、未雨绸缪、永不放弃”的人生哲学。

七、形象大使

形象大使代表学生的价值观，可以对学生起到榜样作用。根据学校的特点和育人目标，经过师生的选择，可以将有形的人或物变身为学校的形象大使，并赋予其特殊的含义与解读。例如，玉泉小学的形象大使是“玉玉”和“泉泉”。将“玉”“泉”两个字的拼音首字母“Y”“Q”变身为玉玉和泉泉两个活泼、灵动、可爱的卡通形象。

要将一所学校的文化表达出来，还有很多方式，而且可以继续不断地开发和延伸学校文化，但是必须基于学校实际生成自己的文化，使其具有丰富性、独特性与亲和性，使其本土化、结构化与连续化。

17 校园文化的凝结和呈现

我们到一些学校参访时，发现校园里不同地方呈现出的文化很不相同，它们各有各的表述，让人感觉校园文化碎片化现象严重。

校园文化，必须抓住教育本质，符合办学规律，关照校本特色，总体设计，分步实施，逐渐推进。

对新建学校，校长应带着自己的办学理念提前介入校园文化的设计和建设中。这样既不会因为拆除、修补而造成浪费，又能整体呈现、结构化地表达学校的独特文化。受管理体制的制约，在校园文化建设上校长可能少有话语权，但校长不能因此而无所作为，必须主动出击，多方做工作，特别是通过完整的办学理念和校园文化体系的设想或方案赢得领导的赞同和支持。

对老旧学校的文化改造，有时受到财政制约，难以一次性完成，那么可采用一次性设计、分步骤实施的办法，围绕校园文化主题逐步完成。如果赶时间、抢速度，那么很可能会出现校园文化品质不高，难以结构化的弊端，从而影响校园文化的观赏性和教育功能。

北京市玉泉小学在2011年完成校园文化总体设计，校园文化的呈现和表达则是一年一年完成的。例如，2011年设计好的学校创建者罗荣桓元帅牵手两个玉泉学子的雕塑，由于种种原因，直到2021年建校60周年时才完整地矗立在校园的“玉璧”上。

安徽省阜南县玉泉小学2019年之前是借校办学，当时虽然只进行了相对简单的校园文化建设，但依然呈现出浓郁的幸福教育文化。搬迁到新校址之后，设计好的校园文化一次性整体建设完成。

山东省潍坊市坊子区龙泉实验小学当时是一所新建校，因为资金有限，建成后没有对校园文化进行整体设计。随着学校的发展，随着校园文化的积淀，三年后学校具备了整体设计校园文化的条件。于是，我们对校园文化进行了整体设计，并根据经费情况采用每年逐步呈现、建设的办法，最后完整而有特色地表达出校园文化的结构和内涵。

有人担心，一所学校常常因为校长的变动而出现校园文化“翻盘”现象。我们认为，如果一所学校的校园文化遵循了教育本质和教育规律，已演化为师生的自觉行为，凝结成校园特色，新任校长就没有必要对其进行“翻盘”，否则不仅劳民伤财，还会引起师生、家长思想上的波动、混乱甚至反感。当然，如果一所学校的校园文化存在缺憾或漏洞，新任校长又拥有更强大的教育理解力和校园文化迭代改造提升能力，就应该进行必要的修正、补充甚至“翻盘”重构。

作为教书育人的场所，学校必须是一个文化高地，校园文化具有的强大育人功能不可忽视。

第四章

幸福教育中的儿童

18 认识和理解儿童的世界

2021 年夏天，在媒体跟踪报道的云南“断鼻家族”象群的故事里我们看到，大象妈妈在路上生了一头小象，小家伙出生后很快就会走路，然后跟随家族一路北上。这是大象对环境的生存适应能力，而人类则不具备这一能力。

一个孩子从出生开始，在成人的养育和培养下，往往要到 18 岁才能独立地在社会上生活，因此，应该把少年儿童留在校园里接受教育，直到 18 岁。

既然儿童由成人抚养长大，成人往往就会“说了算”。“中西历史上对儿童、童年乃至人的一生……不但是以成人的立场和眼光作界定，不常考虑到儿童本身的感受，或从一个成长者为出发点来作规划；而且假设的背后，是认为人生均有其明确目的，有固定的功能。”[①]对儿童来说，最可怕的是成人对儿童世界一无所知，高高在上，强势控制儿童的生活。

早上，孩子在家长的“逼迫”下早早起床，穿上校服，背上沉重的书包来到学校；然后听老师讲一天课，读书、做题、考试、排队、做操、吃饭、上卫生间……假如遭遇雾霾天气，就只能待在教室里，连去室外上体育课、做操的机会都没有了。上课不准说话，不得打闹，要规规矩矩坐端正。好不容易挨到放学，又要忙各种功课。

一次开完四年级家长会，我们请家长回家调研，第二天早上问孩

① 熊秉真. 童年忆往[M]. 桂林：广西师范大学出版社，2008：39.

子："假如今天你有两个选项，一个是去学校参加考试，另一个是去公园走五公里，你愿意选择哪个？" 85% 的家长给予了有效的反馈，结果有 95% 的孩子选择去公园走五公里，而不愿意去学校参加考试。孩子们不太喜欢学校，不太喜欢教育生活，是因为我们精心营造的学校生活对他们来说太无聊了。

儿童的世界到底是什么样子？对此，教师和家长往往会振振有词："我们天天和孩子在一起，怎么会不了解孩子？连他们尾巴往哪里翘我们都知道！" 显然，这是一种自以为是。

其实，作为教育工作者、儿童研究者，有时候我们感到十分困惑和无奈，因为成年人很难真正走进孩子的世界。

我们教育工作者和家长必须小心翼翼地走进孩子的世界，与孩子同呼吸、共命运，这样才能正确认知儿童的世界。

《玩出好人生》一书告诉我们，我们生而会玩，玩而进步。玩乐是一种催化剂。"孩子们的想象力、创造性、高度的积极性以及情感的适应性，只有通过玩乐才能展现出来并变得更加强大。" ①

儿童的世界很丰富，但他们的生活逻辑却很简单：你不跟我玩，我就不跟你玩。这要求我们实施的教育应符合儿童的特点，要让孩子们觉得"好玩"。只有这样，孩子们才会喜欢来到校园。孩子们一旦厌倦校园生活，教育在他们身上就无效了。

陶行知提出过解放儿童的六大主张，即解放儿童的头脑、双手、眼睛、嘴、空间和时间，还儿童以自由，从而解放儿童的创造力。②

好玩是儿童的天性，自由是儿童的愿望。顺着儿童好玩的天性去设计和建构好玩的课程，就能让儿童自由、自主、快乐、幸福地成长。

---

① 布朗，沃恩．玩出好人生[M]．李建昌，译．北京：中国人民大学出版社，2010：4.

② 周洪宇．陶行知教育名篇精选：教师读本[M]．福州：福建教育出版社，2013.

19 儿童成长规律

有的人因接受过优质教育而功成名就。例如，集历史学家、古典文学研究家、语言学家、诗人于一身的人物陈寅恪，其父陈三立是著名诗人、“清末四公子”之一；其祖父陈宝箴曾任湖南巡抚。如此家学渊源下的陈寅恪自小打下深厚的国学底子，还曾游学东洋、西洋，终成一代学术大师。

有的人小时候没有接受过优质教育，但能大器晚成。例如，绘画大师齐白石，幼时由于家境贫寒，只略识文墨，稍长时做了一名木匠。25 岁时到长沙拜师学诗文，才脱离木工生活，专习绘画。颠沛流离多年后，55 岁时定居北京，终成一代画坛大师。

一个人的成长是非常个性化的。陈寅恪小时候接受过优质教育，后来取得了学术上的成功；而有的人小时候同样接受过优质教育，却不一定能够成功。齐白石小时候没有接受过优质教育，后来依靠天分和勤奋取得了成功；而有的人同样努力，却不一定能够取得很大的成就。

人的成长受到多个要素的影响。这些要素之间有效互动，才能驱动儿童有序发展。一般来说，人的成长主要受到四个要素的影响和制约。

一、人会受到先天“智力”的影响

“智力”直接来自父母的遗传。人类细胞遗传学告诉我们，人的体细胞的染色体数目为 46 个，按其大小、形态配成 23 对，其中 22 对常染色体，为男、女共有；第 23 对是 1 对性染色体，男性体细胞的性染色体对为 XY，女性则为 XX。研究表明，约有 90 个 X 染色体上的基因会影响人的智力。人的智力是先天遗传而非后天获取的，我们必须尊重这个事实。父母骂孩子“你真笨”，其实不是孩子笨，而是自己遗传给他的结果。

二、人会受到“成熟机制”的影响

“成熟机制”是人在进化过程中大自然给予他的成长密码，我们不能改写。从出生到长大，人有一套相对固定的“成熟机制”。不论环境怎样变化，每到一个节点，人就会拥有在那个节点应该拥有的本领。对人“成熟机制”的早期训练是无效的，美国心理学家格塞尔的孪生兄弟爬楼梯实验证明了这一点。所以，对儿童我们需要静待花开。成人对儿童的“成熟机制”“过度剥夺”（也就是“过度保护”），或者“刺激”不足，都会影响他的正常发展。例如，人在爬行期不让其充分爬的话，则会剥夺他的平衡和运动能力的发展。

三、人会受到多个“环境”的影响

有三个环境对人来说特别重要。第一个是母亲的子宫。怀孕前后母亲的生活方式、工作环境、营养条件、心理、情绪等会影响孩子的生命质量。例如，孕妇抽烟或经常处于污染环境中，容易造成孩子智力或肢体残疾；大龄孕妇的孩子得自闭症的概率大于一般孕妇的孩子。第二个是产房。自然顺产和剖宫产等不同的出生方式对人会产生不同的影响。大量数据表明，剖宫产的孩子出现多动症的可能性更大。出生时遭遇窒息、缺氧等损伤，容易造成智力或肢体伤残。第三个是成长环境，包括家庭、学校和社区。教育家陈鹤琴说，环境就像大染缸，孩子就像白布，染料是红的，就会染出红布；染料是黑的，就会染出黑布。家庭提供的营养、生长条件、早期教育、智力开发、医疗保护、学校选择等，学校提供的理念文化、师资力量、课程资源、学习形式、评价方式、伙伴关系等，所在社区提供的绿化美化设施、体育运动设施、图书馆、居民素质、街头伙伴、邻里关系等，都会影响人的成长。前两个环境相对难以改变，第三个环境对人的成长至关重要。

四、人的“主观努力”决定了其成长的高度

一个人的智力是重要的，这是成功的前提；但是没有汗水（即主观努力），也是不能成功的，并且主观努力是最重要的成功要素。从教育学的角度来看，即使你拥有良好的遗传因子、自然和谐的成长环境和优厚的物质条件，如果没有强烈的发展动机，没有积极向上的生活态度，不够努力，最后也只能一事无成。一个儿童需要有想法、有梦想、有目标，才能生发出成长的内部动能，不断进取和追求。因此，学校和家庭需要为儿童装载上“主观努力”的发展动机，帮助儿童成长。

就人的后天培养机制来说，“智力”和“成熟机制”这两个要素是“过去时”，基本上不可改变。“环境”要素中前两个也是“过去时”，只有成长环境可以改变，所以，要高度重视学校的选择、家庭环境和社会环境的营造。对第四个要素“主观努力”，即发展动机的激发，同样需要良好的成长环境。

当儿童进入学校的时候，学校的文化环境、丰富课程、家校合育等，就成为幸福教育帮助儿童幸福成长的多维空间和激发儿童发展动机的加速器。

20 教育为孩子插上梦想的翅膀

我们常常遇到这样的情景：一个孩子在教室里听课，突然两眼发直，听不到老师在讲什么。于是，我们给他贴上标签——“不认真听讲”。而从儿童的角度讲，这其实是“走神了，做起了白日梦”。

做“白日梦”是孩子的常态。一个人、一句话、一件事、一本书、一个环境、一场电影、一次旅行……这些都可能会让一个孩子思绪绵绵，做起“白日梦”。而儿童时期的这些“白日梦”，往往是一个人一生的理想、信念、梦想、动机、追求的起点，不可小觑，不可忽视。

霍金 12 岁的时候，班上有两个男孩用一袋糖果打赌，其中一个说霍金永远不会成才，还带有讽刺意味地给他起了个外号叫“爱因斯坦”。谁知 20 多年后，当年那个被嘲笑的男孩真的成了物理界大师级人物。

原来，霍金小时候做了一个关于爱因斯坦的梦，从那时起，他对万事万物如何运行开始感兴趣。他经常把东西拆开以追根究底，但有时候对它们进行组装恢复时，却束手无策。不过，他的父母并没有因此而责罚他，父亲甚至担任起他的数学和物理学“教练”。霍金十三四岁时，对物理学非常有兴趣，中学物理课对他来说已经过于浅显、枯燥。少年霍金认为，物理学是最基础的科学，有望解决人从何处来以及为何存在的问题。他就沿着这样一条物理人生之路远航，虽然他大半生都在轮椅上度过，饱受疾病打击，但他最终取得了伟大的业绩。[①]

不仅是霍金，研究表明，在某个领域取得成就的人，大多从小就有自己的梦想和追求。

“白日梦”给了我们这样的教育学启示：儿童对某个领域有“梦想”十分重要，这会直接影响其一生的追求和取得的成就。

每个人的智力结构和潜能不一样，这是上天赐予的，如果后天不去发现和发展，那么人的潜能就无法被挖掘出来，他就难以达到他应该达到的层次和境界。所以，播种梦想的种子，沿着儿童的梦想，发现儿童独特的智能，挖掘儿童的潜能，发展儿童的兴趣和特长，是重要的教育原则。

传统学校教育的“加工”模式可怕的地方，就是陷入“追分”的泥潭而不能让孩子“做白日梦”、拥有梦想。

其实，幸福教育的主要任务就是制造机会，让孩子们遇到关键人物和关键事件，激发他们做“白日梦”。有梦想，才会有预期；有预期，才会产生动机；有动机，才会有人生的方向感和源源不断的前进动力。

---

① 拉森.霍金传[M].张可平，译.上海：上海远东出版社，2010.

21 儿童通过课程自我成长

农民有自己的人生哲学。他们知道自己只是播种者、管理者和收获者，他们通过耕地、播种、浇水、施肥、捉虫、除草等劳作，帮助每一颗种子成长为庄稼并结出果实。

至于种子何时发芽、何时长大、何时开花、何时结果、何时成熟，完全是种子自己的事情。农民种地就是一部鲜活的教育学：成长是儿童自己的事，学校和家庭不过是为儿童成长提供环境和帮助而已。

然而，传统的教育远没有农民种地“先进”，他们往往把儿童当作私有财产，为实现自己的目的而试图代替儿童成长或拔苗助长。

中国的私塾教育经常采取鞭笞等手段，按照朝廷要求让人死记硬背四书五经。人们根据八股文作文应试，先考秀才，再考举人，再考进士，获得功名，光宗耀祖。“来应考的举子就都成了猎取官职的人群，如同聚集在砂糖上的蚂蚁一般。”①西方中世纪黑暗时期的教会教育，神职人员采用体罚等手段去除儿童的“原罪”，培养传承者，让教义和教会对教民的统治不断延续下去，以获取神职人员的最大利益②。19 世纪后期赫尔巴特的教学方法逐渐刻板化，使得当时的学校越来越缺乏生气，越来越枯燥乏味。

在这样的大背景下，美国教育家杜威旗帜鲜明地提出，教育要尊重儿童的天性，促进儿童个性的发展，彻底否定了传统教育的“课

① 宫崎市定. 科举[M]. 宋宇航，译. 杭州：浙江大学出版社，2018：35.

② 涂尔干. 教育思想的演进[M]. 李康，译. 北京：商务印书馆，2016.

堂中心”“教材中心”“教师中心”，提出“儿童中心”“活动中心”“经验中心”。“新教育三中心论”奠定了实用主义教育哲学的地位，杜威成为新教育的拓荒者。杜威的教育思想犹如一缕光芒，刺穿封闭的教育雾霾，让昏暗的教育天空瞬间明亮起来。①

在杜威那里，“民主”就是把儿童作为教育的主体，把成长的权利和过程还给儿童，让儿童自主地发展，不断地改造生活经验。就像农民种地一样，农民不能代替庄稼成长，而是精耕细作，帮助庄稼生长、成熟。

按照杜威的教育逻辑，学校和教师并不能直接代替儿童成长，而要像农民耕地、播种、浇水、施肥、捉虫、除草等那样通过“媒介”帮助儿童成长。

这个“媒介”，就是课程与学程。华东师范大学崔允漷教授说，课程，就是教师通过教学媒介对学生发生作用。

“核心的理论是很简单的。人类生活，无论种类多么复杂，其组成部分都是各项专门活动的完成。教育为未来生活做准备，实则就是明确而充分地为这些专门活动做准备。……课程就是这样一套孩子们和年青人必须通过完成目标而具备的经验。”②儿童就是借助成长媒介——课程来实现成长的。

---

① 杜威，等．实用主义[M]．杨玉成，崔人元，编译．北京：世界知识出版社，2007．

② 博比特．课程[M]．刘幸，译．北京：教育科学出版社，2017：5．

22 幸福教育的儿童观

只要有健康的自然和文化生态，只要有适当的物质和精神食粮，只要有成人世界的关爱、支持和帮助，任何遗传学上正常的儿童都会按照其生物学指令生长发育，逐步展开童年的精神世界；都会主动探索、涂鸦、歌唱、表达……所有这一切都构成了儿童的生活、儿童的世界、儿童的现实生命形态。“柏林无论在他童年记忆中，还是在他的想象中，都带着迷宫的性质，可以供他在里面幻想和迷失。童年，对于每个人来说都是一段独特美好的记忆。”①

童心是独特的，儿童有独立的不同于成人的生活方式。如果实施幸福教育，就必须建立幸福教育的儿童观。

一、把学生视为我们服务的“客户”

没有学生，就没有学校；没有学校，就没有教师。是学生为我们教师提供了岗位或者事业，是学生决定着我们教师的工作、生活和未来。所以，从这个角度来看，学生是我们服务的“客户”。而学校和教师向客户提供的产品就是课程。我们必须尊重和服务我们的客户。

学校和教师工作的出发点与终结点，无他，都是为了儿童的成长。

在“学生→学校→教师→课程→学生→成长”的服务过程中，

① 本雅明. 柏林童年[M]. 志晶，译. 天津：天津人民出版社，2015：4.

必须确立儿童的主体地位，让儿童站在正中央，让儿童幸福地成长。这就是我们对待儿童的态度。

二、让儿童幸福地成长

基础教育阶段是人生的奠基阶段，除了学业，还有更重要的道德、人格、心理、情感、社会性等也要发展——学业也是为了人的全面发展。

我们必须明确：就人的一生而言，快乐、幸福的童年远比写作业和考试重要得多。我们不是不要写作业和考试，但校园生活绝不仅仅是写作业和考试！

儿童来到学校能否感受幸福、分享幸福、创造幸福，是学校办学品质的呈现，是幸福教育办学成功与否的试金石。

儿童是未成年人，在生活、健康、成长等诸方面需要成人的呵护和关爱。我们需要提供一种幸福的成长方式，让儿童能够幸福地成长。

任何以体罚或变相体罚、以对身体的暴力或对心灵的鞭笞、以貌似公正而实际不公正、以看似平等而实则不平等、以真欺骗而表面不欺骗、以假冒伪劣或直接造假等手段摧残或伤害儿童的想法、语言、动作、行为等，都是非人道的，也是违反幸福教育理念的。

三、公正、平等地对待每一个儿童

在这个世界上，我们永远找不到两片相同的树叶，也永远找不到一模一样的孩子。尊重每一个儿童的不同，尊重每一个儿童的个性，就是尊重人的发展规律。

教育者对所有儿童，包括智力、肢体、心理、行为、学业、交际有问题的孩子，无论他们来自富裕和权贵家庭还是来自一般家庭，都应当一视同仁，平等对待，做到有教无类。要尊重每一个不一样的儿童，不能忽略、歧视、打击、摧残智力、肢体、心理、行为等方面有问题的儿童。在追求幸福教育的教师眼里和心中，每一个儿童都应该是我们服务的“客户”。

是人的差异让教育的发生有了可能。也就是说，没有儿童的差异，就没有教育。因为只有拥有有差异的孩子，我们才有研究的机会，才有展示自己能力的舞台。我们必须感恩每一个不同的孩子带给我们的职业机会和职业成果。在成就孩子的同时，我们也成就了自己的幸福人生。

以儿童为本位，是现代教育的逻辑起点；建立正确的儿童观，是实施幸福教育的逻辑起点。

第五章

幸福教育的课程

23 儿童的生活经验和课程

一个小男孩在外面疯跑，口渴了，急急忙忙跑回家，从暖瓶里倒出开水就喝。这时会发生什么？孩子会被烫到嘴，哭起来。第二天，他又出去疯跑，依然口渴，依然跑回家倒开水喝。但这次他接受了上次被烫到的教训，没有直接喝水，而是先在杯沿上尝试一下，感到太热，然后吹吹，等到水温合适时才喝下去。

这个例子正好诠释了杜威“教育即经验的改造”的观点。

教育，就是让儿童通过活动获得各种经验。例如，小男孩对水温和人体关系的认知是通过两次喝水得来的，第二次喝水改造了第一次的经验，让自己变得聪明、智慧起来。

人类在适应和改造环境的活动中，必须以旧经验为基础来解决新问题。不管是学校教育，还是家庭教育和社会教育，每个儿童实际上都在不断进行人生经验的改造。“目标像经验与发展那些经验的方法一样，是预先确定的。”①

生活和经验是教育之根，如果离开生活和经验，儿童就不会成长，教育就不会发生。实际上，教育的功能就在于传递且不断丰富人类积累的经验，通过已有的丰富经验指导人们去适应社会，过上更加美好的生活，从而推动社会不断进步。

教育就是儿童在学校、家庭和社区与同学、老师、家长、邻居、

① 多尔．后现代课程观[M]．王红宇，译．2版．北京：教育科学出版社，2015：181．

亲戚、伙伴等接触中相互影响，逐步扩大和改进经验，养成道德品质，习得知识、技能的过程。

到学校去听课、写作业、参加考试、升学等固然是生活的一部分，但这不是生活的全部。儿童的生活是丰富多彩的，改造经验必须和生活紧密地联结在一起，所以，杜威说“教育即生活”“教育即生长”“教育即经验的改造”。

任何经验都是内在条件和客观条件相互作用，即有机体与环境相互作用的结果。也就是说，小男孩只有意识到水温高，才会发生被烫伤的联结，即把行动和结果联系起来，从而赋予生活以意义。这才是经验。杜威说，教育就是继续不断地重组经验，使经验的意义格外增加，同时使控制后来经验的能力也格外增加。“经验”是课程的本质。课程的本质是具有连续、交互特点和教育意义的那些经验。①

由此，我们得出这样的结论：

一是儿童的生活并不仅仅局限于校园，更不局限于课本、课堂。学校教育必须与儿童的全部生活相对应、相关照、相联结。

二是教育就是儿童生活经验不断改造的过程。学校应该给儿童提供全部的生活课程，而不仅仅是一部分学习课程。

三是儿童的经验首先应是“经历”。这种经历既不在学科那里，也不在教师和家长那里，而是在儿童自身的生活化问题解决的行动中。

四是儿童是通过实践活动产生、体验情感，通过感悟升华情感，获得人生幸福的。

① 杜威.民主主义与教育[M].王承绪，译.北京：人民教育出版社，2001.

24 课程决定儿童的幸福感

学校通过课程实施向儿童提供成长经验。因此，课程是否符合儿童的天性和成长规律，将决定儿童的幸福感和发展基础。

课程与儿童的生活应该是高度一致的，即课程建构必须与儿童的生活匹配和衔接起来，以丰富和改造儿童的生活经验。

自中国引进凯洛夫的《教育学》之后，我们一直强调教学大纲的权威性。“教学大纲在有系统的形式中，包括着一切构成教学科目内容的问题和题目底纲要。……对于教学大纲不能任意予以变更。”[①]这种典型的“以纲为纲，以本为本”的教育，必然导向应试教育、功利教育的道路。

早在民国时期，陶行知就说：“今日教育界责任之最重要且最紧迫者，莫若利用教育学解决学校课程问题。盖课程为学校教育之中心，假使课程得有圆满解决，则其他问题即可迎刃而解。”[②]这是多么高屋建瓴的认识！

然而，距离陶行知提出这一想法已经过去了近百年，我们的课程意识，我们对课程的研究、开发、实施、评价，实事求是地说，仍然不理想。

课程的价值不是简单的“课程实施”就能实现的。不是说我们开

---

① 凯洛夫．教育学：上册[M]．沈颖，贝璋衡，南致善，等译．4版．北京：人民教育出版社，1953：120.

② 徐莹晖，徐志辉．陶行知论乡村教育[M]．成都：四川教育出版社，2010.

齐了课程，开足了学科课时，就算实现了课程的价值。美国学者多尔在《后现代课程观》中指出，“3R”（读、写、算）是19世纪末20世纪初的创造，旨在适应发展中的工业化社会的需要。面对当今和未来社会，多尔提出以“4R”取代“3R”。“4R”是指课程的丰富性、回归性、关联性和严密性。①

课程，不是我们强加给儿童的桌餐——按照标准定好每桌的菜谱，由厨师加工菜肴，摆满餐桌，不论客人愿意吃还是不愿意吃，都只能吃，别无选择。桌餐就是填鸭式教育，就是教师把知识装进儿童的大脑这一容器里。

课程，应该是基于儿童个性化选择的自助餐——一种更加丰富、更加开放、更加个性化的就餐方式，吃什么、吃多少都可以基于自己的个性或需要来选择，而不是被强迫吃什么。自助餐就是尊重儿童天性的教育，也是让儿童自由呼吸的教育。

“事实上，现代的教学方法还没有完全扼杀神圣的求知欲，这已经是一个奇迹。因为这纤细的幼苗，除了需要鼓励，还需要自由，如果没有自由，这棵幼苗就会遭受摧残和毁灭。”②

儿童只有能够按照自己的个性或需求接受教育，才能获得民主，获得自由，拥有幸福。

胡适曾说，教育就是要给人提供选择的机会。华东师范大学崔允漷教授指出，课程就是给学生机会。山东省教育科学研究院张斌博士是研究课程的专家，他说：“我们的课程表中应该有这样一类课程——让学生有自己的想法，并有把自己的想法变成现实的机会。这就需要教育者把国家课程尽可能转化为学生们喜欢的课程。无论如何，不能稀里糊涂地按照教材内容、课时计划把所谓的工作量完成即可。”

---

① 多尔.后现代课程观[M].王红宇，译.2版.北京：教育科学出版社，2015.

② 欧德菲尔德.自由地学习：华德福早期教育[M].李泽武，译.北京：人民文学出版社，2006：9.

从课程的现实化角度来说，只存在具体化、操作化的学校课程，不存在抽象化、概念化的国家课程和地方课程。

不论是国家课程，还是地方课程，都必须进入学校这个具体的教育教学环境中才有意义，都必须与具体学校的教师和学生结合起来才具有课程价值，都必须与儿童的生活联结起来才能让儿童产生收获感、幸福感。

不仅如此，孩子更多的时间是在家庭和社会中度过的，家长、亲属、朋友、邻居、街头伙伴等，这些人的言传身教都会深深地影响孩子的发展，特别是其品行、情感、社会性等的发展。

因此，必须将学校课程延伸到家庭和社会，通过校内校外联动，建设面向儿童全部生活的校本课程体系，建构儿童成长环境和发展机制，让课程与儿童的幸福生活结合起来，这样，课程才会具有教育意义和育人价值。

25 幸福教育课程的构建原则

孩子们喜欢看漫画书、讲故事，喜欢动手拼乐高、挑战有难度的思维性问题，喜欢与外国人交流、看英文电影，喜欢运动会、个人挑战赛……但是不喜欢语文、数学、英语乃至体育等照本宣科、机械重复的学科学习。

国家课程体现国家意志，决定学校的根本任务和培养目标。然而，如果孩子们不喜欢课程，不喜欢学习，甚至不喜欢学校，我们的教育目标就很难达成。

我们认为，之所以出现这一问题，主要原因是课程距离孩子们的生活太远，或者说课程尚不能切合他们的生活，以至于他们来到学校找不到兴奋点，找不到自己喜欢的事情做。按照马斯洛的需要层次理论，如果课程满足不了孩子们的需要，实现不了他们的价值，那么，他们对校园生活就会产生厌倦感。

因此，建构适合每个孩子、能够让他们自由选择的课程，增强课程的适应性，既十分迫切，又十分必要。据此，我们确立了以下课程建构原则。

一、遵照国家课程政策，结合学校实际，推进国家课程的校本化实施，研发校本化学习资源，指向儿童幸福成长的能力基础

国家课程是面向全国各地所有学校的，而各地、各校的实际情况是不一样的。这就要求我们在贯彻国家课程政策时，既要完整、准确

地落实国家课程，又要因地制宜、实事求是地进行校本化实施。

教育部在《基础教育课程改革纲要（试行）》中明确要求：“学校在执行国家课程和地方课程的同时，应视当地社会、经济发展的具体情况，结合本校的传统和优势、学生的兴趣和需要，开发或选用适合本校的课程。”在《教育部关于全面深化课程改革落实立德树人根本任务的意见》中进一步提出要增强“六性”，其中有一条是“增强适宜性，各学科的学习内容要符合学生不同发展阶段的年龄特征，紧密联系学生生活经验”。

课程最终是要落实到每一个学生身上去的，如果学校照搬照抄国家课程，远离儿童的生活，不能适应儿童的个性化需求，就难以落实课程目标，也难以让儿童获得幸福感。

国家课程校本化实施，是在全面落实国家课程标准和配套教材的同时，根据学生的实际，结合新时代要求，基于学生的核心素养，对学科目标、学习内容、学习方式和评价体系进行重构，并有效落实。例如，小学语文教学面临的最大问题是在有限的课堂教学时间内难以进行大量阅读和积累。我们的校本化策略是：以统编教材为主轴，研发校本化学习资源，课堂上主要聚焦于工具性学习，课后则通过图书馆课程、家庭层级阅读课程等引导学生进行大量阅读，通过课上学习与课外阅读有机联结实现语文工具性与人文性的统一，形成学生坚实的语文素养。

二、遵循儿童发展规律，结合儿童的个性和特长，建构适性课程体系，构建生本化学习资源，指向儿童幸福成长的潜能发展

儿童在不同学段、不同年龄表现出不同的成长样态。但是有一条主线贯穿其中，那就是儿童也有由较低层次到较高层次的需要，只不过儿童的需要具有特殊性。例如，在小学低段，做游戏就可以给儿童带来快乐；到小学高段，良好的伙伴关系也会给儿童带来幸

福感。因此，在课程建构中，关照儿童的发展规律和不同的需求层次是一个重要原则。例如，公共选修课程，不同的年级应有不同的内容——六年级的离校课程、一年级的入校课程，就是为不同年龄段的学生设计的。

由于先天的智力不同，后天的成熟机制、成长环境不同，即使在同一学段、同一年龄，儿童也会呈现出自己的特点，具有自己的个性和潜能，表现出与他人不同的爱好和特长。如果学校提供的课程内容和实施方式与儿童相去甚远，课程的效能就会大大降低。在课程建构中，适应每一个，至少某一类儿童也是重要的建构原则。

在自主选修课程建构中，必须向全体学生提供丰富多样的课程资源以供他们选择。如果不能建构适应不同个性学生的课程，就难以创设自由教育的时空，儿童就难以获得幸福的因子。

首先，让每个儿童在教师和家长的指导下提出两三个兴趣方向，将其汇总后形成学校的课程资源包。然后，对资源包里的兴趣方向进行归类，提取出大类课程，如科技类、体育类。再根据学段、年龄特点进行细分，如低段、中段、高段的编程课程。此后，再继续进行分化，分化为某类兴趣和爱好趋同的项目，如游泳课程。总之，通过分类统合成课程体系。

根据分类的课程体系，学校组织全体教师选择自己能够执教的课程，进行“配对”，确定校内师资。再将未选出师资的课程，提供给家长志愿者或合作单位供其选择。如果还有未选出师资的课程，则通过购买社会上的专业服务有针对性地引进师资。

适性课程指向不同年级每一个个性化的学生，学生可以根据自己的年龄、性别、兴趣、爱好等进行个性化的选择。

三、按照“儿童生活的外延与课程的内涵相一致”的原则，结合学校、家庭和社区实际，建构起全景式课程体系，指向学校、家庭和社会联合的育人方向

儿童不仅要在课堂上听课、写作业、参加考试，还要在课下与同伴玩耍、做游戏、交流新闻，甚至打打闹闹、发生冲突；儿童不仅在校园里成长，还要回归家庭，享受亲情的温暖，与父母讨论、交流，甚至发生争执；儿童不仅生活在校园和家庭里，也要到社区去玩耍，还会去参观父母的工作单位，拜访亲戚，走向大自然，旅游，出国交流……如果只有学校课程，显然无法覆盖儿童的全部生活。

从某种意义上说，教育就是儿童与其生活相遇，形成经验的过程；学校教育，实则是儿童与学校建构的课程相遇的过程。因此，学校在建构课程的过程中就必须让课程的内涵与儿童生活的外延保持一致。仅仅开发出学校课程，显然是不够的，必须将学校课程扩展到家庭和社会，让课程与儿童的全部生活融合在一起。

当然，学校主要是通过研发课程来联动家庭教育课程和社会教育课程，以建构全景式联合育人的课程新格局。只有让课程的内涵与儿童生活的外延一致，才能为儿童的幸福人生奠基。

例如，家庭教育课程，分为家庭内教育课程和家庭外教育课程，习惯养成课程、礼仪课程、劳动课程、书香课程等，主要在家庭内完成，父母是家庭教师；场馆式学习课程、研学旅行课程等，主要在家庭外落实，父母则变身为校外指导教师。

例如，社会教育课程，有寒假和暑假社会实践课程，寒暑假不同的年级有不同的课程，小学低年级学生访问爸爸妈妈的工作单位，小学高年级学生研究自己家族的历史等。

马斯洛在《动机与人格》一书中指出，在人自我实现的创造性过程中，会产生一种“高潮体验”的情感。我们认为，马斯洛所说的这个时候是最激荡人心的时刻，是人的存在的最完美、最和谐的状态，

这个时候的人具有的欣喜若狂、如醉如痴、销魂的感觉[①]，实际上就是幸福感。

只有为儿童设计幸福教育课程，让儿童与幸福教育课程相遇，在生活经验的不断改造中去体验高级情感，才能为儿童的幸福童年和幸福人生奠基。

① 马斯洛. 动机与人格：第三版[M]. 许金声，等译. 北京：中国人民大学出版社，2007.

26 幸福教育课程的建构路径

从幸福教育理念到幸福教育核心要素，到幸福教育培养目标，再到幸福教育课程体系的形成以及幸福教育课程的实施、效能的评价，是一个完整的学校教育结构。因此，幸福教育课程建构的主要路径从上位到下位、从理念到实践分为以下几步。

第一步，把握国家的教育方针。国家办学，根本目的是立德树人，培养合格公民。这是学校教育的根本任务。课程设计、研发与实施必须指向这一根本任务。

第二步，结合学校的办学理念。任务学校秉持什么样的办学理念很重要。幸福教育强调以儿童为中心，指向立德树人。在课程研发和实施中要落实幸福教育理念。

第三步，聚焦学校的培养目标。幸福教育的培养目标是让每一个孩子拥有幸福人生。学校围绕这一培养目标对课程进行规划和安排，保持课程建构与教育目标的一致和有效。

第四步，落实幸福教育核心要素。幸福教育有 20 个核心要素，涵盖认知、情感和行为，包括国家课程、适性课程和家庭教育与社会教育课程，指向培养目标。

第五步，对课程体系进行梳理和统合，建立课程间的联结和逻辑关系。各门课程往往是碎片化的，需要进行统合和重构，实现课程的体系化和结构化。

第六步，按照课程性质建构结构化、完整的幸福教育课程体系。课程体系一般由基础类、拓展类和实践类三类课程组成。

第七步，凝结成幸福教育课程体系模型。模型具有高度概括、直观清楚的特点，有利于向教师和家长传递课程体系。

第八步，按照实施原则，分类设计不同课程的实施路径和实施策略。明确课程实施的时间、空间、人员、资源等要素，确保落实课程。

通过从理念到实践的建构，形成能够贯彻国家教育方针、体现学校办学理念和培养目标、具有可操作性、校本化的课程体系。

27 幸福教育课程体系

实施幸福教育，就要建立从“培养幸福的人”到“怎样培养幸福的人”，再到“是否培养出幸福的人”的办学逻辑。从理念到实践，幸福教育需要建立自己的原则、结构和模型。幸福教育课程就是幸福教育办学的“原则、结构和模型”。

幸福教育课程体系的逻辑，是从立德树人的根本任务、幸福教育的理念到具体的办学实践、课程与学程、具体的教育行为；而实施的过程则是反方向的，即通过具体的教育教学活动来达成课程目标，进而落实幸福教育理念，实现立德树人的根本任务。因此，课程与学程就居于学校教育的核心地位。

对儿童而言，成长的经验并不仅仅来自课堂学习活动，还来自全部生活经历和过程。因此，在课程设计时要考虑到：有些课程的实施主体是学校，有些课程的实施主体是家庭和学校，有些课程的实施主体则是家长和家庭。而在其中发挥联结和关键作用的，无疑是学校和教师。

第一，从儿童的生活角度来看，幸福教育课程体系由学校教育课程、家庭教育课程和社会教育课程构成，涵盖儿童的全部生活。

第二，从儿童的经验角度来看，幸福教育课程体系由基础课程、拓展课程和实践课程构成，形成儿童丰富、全面、立体的生活经验。

第三，从儿童的个性角度来看，幸福教育课程体系由普通儿童课程、优才儿童课程和特殊儿童课程构成，覆盖不同个性和特殊的儿童。

第四，从实施角度来看，幸福教育课程体系由德育课程、智育课程、美育课程、体育课程、劳育课程构成，实现五育并举，全面发展。

幸福教育课程体系可以表述为：沿着“国家课程校本化、适性课程生本化、实践课程综合化”的路径，建立起适合学校实际、指向学生发展、让师生拥有较高幸福度的课程总和。幸福教育课程包括以下几类。

基础课程。一类是国家课程，涵盖人文、科学、艺术、体育四大领域；另一类是校本学习资源，基于学校实际的人文、科学、艺术、体育四大领域的补充性学习资源。

拓展课程。一类是公共选修课程，涵盖国家实践课程、地方课程和校本课程，指向不同年级学生的需求；另一类是自主选修课程，是基于人文、科学、艺术、体育四大领域，指向学生个性化成长的自我选择课程。在家庭教育课程中，我们设计了家庭内教育课程，这也属于人文、科学、艺术、体育四大领域的拓展课程。

实践课程。一类是幸福教室建设课程，是基于班级生活质量的课程；另一类是校园实践课程，包括十大好玩课程、年级特色课程、校本节日课程、名家大师进校园课程、研学旅行课程、场馆式学习课程等，指向格物致知、知行合一。在家庭教育课程中，我们设计了家庭外教育课程；在社会教育课程中，我们设计了寒暑假社会实践课程。这些也属于实践课程。

幸福教育课程的价值取向如下。

1. 全面性与整体性。课程设计要覆盖儿童的全部生活。对儿童而言，生活即课程。儿童的生活是基于家庭、学校和社会的，所以课程设计必然要回到儿童的生活。学校、家庭和社会应联合起来整体设计课程，为儿童创造正向、正面、健康的成长环境。

2. 差异性与选择性。课程设计要关注个体差异，课程必须进行分层、分段、分类，既要关照普通儿童，也要考虑有特殊需求的儿童。因此，课程设计必须有选择性，既要有公共性选择，又要有个性化选择，面向每类学生，关注每个学生的兴趣、爱好、特长和潜能。

3. 体验性与实践性。课程设计要“格物致知”“知行合一”，不仅重视知识类课程的学习，更强调实践课程的学习。实践课程注重学生的体验与感悟，以形成学生的生活经验，丰盈学生的情感。

4. 统合性与科学性。课程设计要研制总体方案，设定课程门类，选择课程实施方式、安排课程计划，建立课程评价体系。要通过调查、访谈等科学方法，与学生、家长、教师、课程专家开展广泛对话，从而为学生提供可选择的多元课程。统合国家课程、地方课程，建构校本课程，统合学校、家庭、社会各方面课程资源落实全景式课程，统合有个体差异的学生实施特殊儿童课程，统合学科内容落实学科核心素养，统合课程与学程提高教育教学的效能。

完整、全面、科学的幸福教育课程体系，既是贯彻国家教育方针、实现立德树人根本任务的重要平台，也是落实学校幸福教育理念、具有可操作性的校本化实施的重要路径。

第六章

幸福教育的立体课堂

28 幸福教育课程与幸福课堂

幸福教育课程建构完成后，重要的是如何通过幸福课堂教学来实施课程，让儿童幸福地成长。

我发现，近十几年中国基础教育领域进行的“课改”表现为两种形态。一种是“课堂改革”。这种改革通过对课堂结构和教学技术进行改进，研究如何让教师教得更加有效，学生学得更好、考得分数更高。另一种是“课程改革”。这种改革通过重构课程体系，并据此对课堂结构和教学技术进行改造，追求育人的目标。这两种形态的“课改”，都具有独特的探索价值，但两者追求的教育价值不同。

当我们研究“课改”本质的时候就会发现，“课堂改革”把凯洛夫《教育学》中的课堂教学流程前后颠倒了。例如，把其中的“教师先教，学生再学”转变为“让学生先学，教师根据学习反馈结果再教”。此类“课改”本质上并没有超出凯洛夫《教育学》的范畴，仍然以“教师”“课堂”“教材”为中心。而“课程改革”则指向育人模式的转变。即以儿童为中心，根据儿童的成长需要重构课程目标和课程体系，转换课堂学习方式。例如，实行选课走班制，让学生分层、分类学习，因材施教，追求学生的个性化发展、全面发展。

显然，幸福教育追求的是“让每一个孩子拥有幸福人生”的育人目标，因此我们进行的必然是从育人目标出发的“课程改革”。

幸福教育课程是共性与个性、知识与实践、认知与行为相结合，并指向每一个儿童幸福成长的全景式课程体系，因此，必须研发出与其相适应的幸福课堂教学模式。

29 适应儿童：不同课程采用不同方式

幸福教育课程体系包括不同类型的课程。这些课程的形态是不一样的，因此实施的方式也不一样。例如，国家各学科课程标准和配套教材在课堂上采用“逻辑—知识”和“情感—体验”的学习方式；而拓展课程和实践课程，则更多地采用项目式学习和探究式学习等方式。

一、学科课程的学习方式

对语文、数学、科学等基础学科，国家统一规定了教材、周课时数、教学内容等。多年来，教育部门和学校依据各学科课程标准和教材确定的学习与考试内容已呈结构化之势。长此以往，按照这一教学逻辑必然导致教学模式相对固化，教学结构和课堂程式化，同时把教师和学生“捆绑”在课堂上。例如，语文学科，在小学中段、高段每周安排 6 到 7 个课时，要在一学期大约 16 周内完成一册教材的教学任务。教师必须按照规定教学内容和课时走教学流程，否则很难完成教学任务。

在教学时间紧、教学任务重、教学压力大的情况下，教师不得不采取控制课堂秩序、严格组织课堂教学、大量布置作业等方式来落实学科学习内容，提升学生的学业成绩。然而，走流程、齐步走、赶进度的教学方式，会制造紧张、焦虑甚至对立的情绪。那么，对高度同质化的课程，采取什么样的课堂教学方式更加有效，同时能够让儿童喜欢并感到愉悦呢？

幸福教育课程强调对国家课程的校本化实施，即依据国家课程标准研发校本学习资源，让学习内容更加切合儿童的学习实际，适应不同儿童的学习需要。例如，研究发现，小学三年级时学生的数学学习开始出现分化。造成这种分化的原因有很多。例如，从三年级开始，数学知识难度增加，所需的数学思维能力要求更高。为帮助学生顺利学习数学，避免出现分化，我们从儿童的生活经验和思维水平出发，研发了数学引桥课程等校本学习资源。

对国家课程进行校本化实施后，我们在课堂上采用新学程实践研究，为学生提供学习工具和学习方式，把课堂学习还给学生，让学生对知识和技能进行自我建构；采用“逻辑 — 知识”和“情感 — 体验”的学习方式，在发展学生低阶思维的同时发展学生的高阶思维，以形成学生的高情感、高素质和解决实际问题的能力、创新的能力。

二、其他课程的学习方式

幸福教育课程体系中还有其他课程形态。例如，“适性课程 — 自主选修课程”是学生根据兴趣和爱好自我选择的课程。这样的课程不是强制性的，而是个性化选择的。其教学方式以个体活动和集体活动为主，其教学结果的检测方式是操作、展示和分享。例如，围棋爱好者组成围棋社团，除了传授围棋基础知识外，更重要的是让学生不断对弈，提升技艺，最后用比赛的方式检测学习成果。

“实践课程 — 十大好玩课程”中的活动性、体验性课程，师生要走出校园，到田野或社会大课堂上去。没有教室这样的学习场所，没有固定的教材，也不会有针对知识掌握程度的考试，完全打破了学科课程的结构和形式，因此，必须采用自主、合作、探究的学习方式。

“社会教育课程 — 寒暑假社会实践课程”更多的是让学生走进社会，了解社会，采用调查、观察、数据采集、分析对比等研究性学习的方式，采用项目式学习的方式，以撰写研究报告来检测学习成果。

“家庭教育课程—场馆式学习课程”是针对某个场馆的某个主题进行独立研究和探索，采用探究式学习的方式，通过发现形成观点，通过撰写研究报告展示、分享，让全体师生进行评价。

“超学科课程”定位为“没有问题的问题学习”，让学生寻找问题，形成问题，研究问题，解决问题。学习过程不受时间、空间的制约。师资来自学校教师和校外专家。学习方式既是自主的又是合作的。学习成果的评价可以通过申报专利等方式进行。

显然，不同的课程形态，如果采用同一种学习方式，不仅难以有效落实课程目标，还会挫伤儿童的积极性，让儿童感受不到学习的快乐和幸福。只有采取适合不同课程形态的学习方式，才能激发儿童的学习动机，让儿童喜欢学习，主动参与学习，幸福地成长。

30 幸福课堂：突破传统课堂教学的藩篱

以教师讲授为特征的传统课堂教学模式，常常让儿童感受不到学习的愉悦和幸福。为什么？因为这样的课堂教学是以知识为本位的。如凯洛夫所说，通过教科书的学习，学生短期内就会间接获得人类长期以来探索、积累的宝贵经验。①教师往往围绕教科书上的知识内容对学生进行“灌输”，学习方式为大量重复、机械地训练。

这种端坐在教室里被“灌输”的学习方式，难以让学生喜欢。当然，在学习过程中，学生也难以感受到愉悦和幸福。只要不是主动的学习、具有思维挑战的学习、同伴间合作与竞争的学习、展示自己学习成就的学习，就难以引发儿童的学习冲动，就难以激发儿童的学习动机。

面对学校教育的弊端，19 世纪末以帕克、杜威为代表的一批教育学者发起了进步主义教育运动。1956 年布卢姆的《教育目标分类学》出版，在书中，他在认知、情感和动作技能三个领域对教育目标进行了由低到高层次的划分。这一划分符合人类学习由低阶思维到高阶思维、由简单到复杂的发展原则。布卢姆在认知领域建立起知识和认知的二维模型，可以帮助我们透视学习的本质。

布卢姆的学生安德森于 2001 年出版了《布卢姆教育目标分类学：分类学视野下的学与教及其测评》，更加明确地将认知目标划分

---

① 凯洛夫. 教育学：上册[M]. 沈颖，贝璋衡，南致善，等译. 4版. 北京：人民教育出版社，1953.

为“知识”和“认知过程”两个维度。“知识”维度除了原来《教育目标分类学》中的事实性知识、概念性知识和程序性知识外，新增了元认知知识。“认知过程”维度则重新划分为记忆、理解、应用、分析、评价和创造这六个从初阶到高阶递进的思维等级。人们习惯上把“认知过程”中的记忆、理解、应用归于低阶思维，把分析、评价、创造归于高阶思维。①

按照心理学的解释，低阶思维又称低效思维，是指缺少辨析、判断、识别的思维。高阶思维则是指发生在较高认知水平上的心智活动或认知能力，是高阶能力的核心，主要指创新能力、问题求解能力、决策能力、批判性思维能力等。

我们必须清醒地认识到，在中小学以“追分”为导向的教学过程中，如果一节课全是低阶思维活动，如记忆、理解等，那么，学生的参与度、发展度肯定不够。同时，没有高阶思维活动的学习过程不能引发学生积极的情绪和情感，学生感受不到学习的愉悦和幸福。因此，只有让低阶思维活动和高阶思维活动共同构成多样化、由低到高的层进式课堂核心学习任务群，才能激发儿童主动学习的动机和深度学习的冲动。只有进行同伴之间相互支持、相互竞争、共同展示学习成就的自主、合作、探究式学习，才能让儿童找到学习的乐趣、激情和幸福，实现课堂学习的有效性，导向培养完整的“人”的教学方向。

当然，应该注意的是，基础知识和基本技能是基本经验与学科思想形成的基础，低阶思维是高阶思维发展的前提。如果一节课全是高阶思维活动，那么学生可能就够不着，学不透。这同样会降低学生的学习动机，降低学习效能。

在传统学校教育中，课堂教学难以有效推进学生高阶思维的发展，其主要因素，除了以记忆性知识和技能为核心的传统考试评价带

① 马扎诺，肯德尔. 教育目标的新分类学：第2版[M]. 高凌飚，吴有昌，苏峻，译. 北京：教育科学出版社，2012.

来的弊端、教师教学理念的落后等，还有一个是没有区分教材中的知识深度等级，即没有区分事实性知识、概念性知识、程序性知识和元认知知识而造成的知识平面化。没有深度知识的学习，在课堂上就不能把知识与思维连接起来，就不能开展深度学习，就不能推进低阶思维向高阶思维发展，也就追求不到学习的本质。同时，教师如果不能向学生提供合适、有效、可供选择的学习工具，就不可能把学习过程还给学生，让学生自主建构，也就追求不到学习的本质。

因此，幸福课堂要突破传统课堂教学的藩篱，转换教学方式，发挥教师的主导作用，通过新学程实践研究把学习过程还给学生，让学生进行深度学习，成为真正意义上的学习主体。

31 幸福课堂的特质：学程内涵和建构策略

冲破传统课堂教学的藩篱，把学习的视角转到儿童那里，这就是“学程”——学生学习的过程。

建构主义理论认为，儿童是在与周围环境的相互作用过程中逐步建构起关于外部世界的知识，从而使自身的认知结构得到发展。儿童与环境的相互作用有两个基本过程，即“同化”与“顺应”。课堂教学不应是教师向学生灌输知识的过程，而应是教师提供学习资源让学生通过“同化”与“顺应”实现自我建构或共同建构的过程。①

在课堂教学中，教师要聚焦学程，围绕学习目标，充分利用统编教材和校本学习资源，为学生提供工具和方法，让学生通过自我建构或共同建构落实学习目标。要推进传统课堂教学向幸福课堂转向，关键在于做到以下两点。

一、借鉴知识深度等级理论，解构学科知识，形成知识深度等级，推动学生的认知由低阶思维向高阶思维演进

根据课程标准编纂的各科教材提供的知识体系是连续的、螺旋式上升的，但这些知识是静态的、平面的。我们知道，高阶思维不是教师“教”出来的，而是学生自己或与同伴一起“学”出来的。只有对

① 高文，徐斌艳，吴刚. 建构主义教育研究[M]. 北京：教育科学出版社，2008.

静态的、平面的知识进行解构，形成知识深度等级，让学生通过不同深度知识的学习，沿着“记忆→理解→应用→分析→评价→创造”的“认知过程”不断上升，才能在发展低阶思维的同时推动高阶思维不断发展。

美国当代教育学家韦伯依据布卢姆《教育目标分类学》中的认知领域理论对知识进行重构和提取，提出了知识深度等级模型，包括等级一：记忆与再认；等级二：概念与基本技能；等级三：策略化与较复杂的思维过程；等级四：知识延展性或最复杂的思维过程。

“知识深度等级”有利于人们对事实性知识、概念性知识、程序性知识和元认知知识进行更加明晰的分类操作，可以帮助教师和学生对各类知识进行厘清与重构，还可以用来指导教学。

事实证明，“知识深度等级”可以帮助学生锻炼多种能力，如利用资源解决问题的能力、批判性思维能力、前瞻性思维能力等。

我们可以借鉴韦伯的“知识深度等级”理论，依据课程标准的目标和要求，对各学科知识进行解构、分层、整合，形成不同的知识深度等级，然后将不同的知识等级转化成学生不同的思维水平。让学生在深度知识的自我建构过程中，激发研究兴趣，形成学习动机，调动学习的积极性和主动性，不断探究、积累、进阶，释放潜能，充分发展创造力，获得实现感、价值感、荣耀感、幸福感，最终形成幸福核心素养。

二、为学生研发资源包、工具箱、脚手架等学习工具，把学习过程还给学生，推动学生自我建构或共同建构能力的形成

学生学习的过程，是从未知世界走向经验世界的过程。在这一过程中，我们应该为学生提供学习工具，把学习过程交给学生。

而在传统课堂教学中，教师往往不肯“放手”，甚至把持课堂一步一步地走流程，不给学生自己学习的机会。教师不把学习过程交给

学生，不是因为教师不愿意，而是因为没有有效的学习工具。道理很简单，与其把学习过程交给学生，降低学习效能，还不如直接将学习过程掌握在自己手里。因此，如果不能向学生提供有效的学习工具，教师就将无法把学习过程交给学生。

因此，要基于不同学科的特点和学生的差异，研发资源包、工具箱、脚手架等学习工具。通过向学生提供学习工具，把学习知识的过程转化为探究性的学习任务，让学生通过“独学”“对学”“群学”等学习方式，在真实的问题解决中实现自我建构和共同建构，推动深度学习，进而形成和发展解决问题的能力，形成核心素养。显然，这样的学习过程将向儿童的思维发起挑战。只有面对挑战并解决问题、战胜困难，儿童才能在课堂学习过程中感受到愉悦和幸福。

实践证明，仅凭教师一己之力是难以解决学习工具问题的，必须组织教师团队联合攻关。学习工具主要包括资源包、工具箱和脚手架。

1. 资源包。应根据教与学资源的丰富性、实用性和发展性，建立每个学科的资源包，为教师的“教”和学生的“学”提供丰富、有效的校本学习资源。比如，不同学段学生的心理特点和认知水平，课程标准的具体要求，可选择的教学策略，单元整体备课的公共教案，基于学情复备的个性化教案，教学过程中使用的模型、模具、视频、图画等，这些资源的研发既要基于课程标准和配套教材，又要基于学情和教师的实际，努力做到既解放教师，又给学生提供能深度学习的丰富资源。

2. 工具箱。应根据学生的差异化、个性化学习和不同学习方式（独学、对学、群学），制作具体的学习用具，如思维图、学习纸、公平筐、参照物等。学习用具要基于不同学科的特点，文科类和理科类有很大的不同，艺术类和体育类也不一样。要不断积累和提取，不断丰富每个学科的工具箱。

3. 脚手架。脚手架原本是建筑行业的术语，在这里形象地比喻帮助学生思维发展的攀登架。根据维果茨基“最近发展区”理论，在儿童从“已经达到的发展水平”向“可能达到的发展水平”发展的过程中，应根据知识的“难度”和认知领域的“难点”，为学生理解、运用、迁移知识研发铺垫、联结、节点、引桥、延伸、统合等学习支架。还应按照在教学过程中发现的知识“难度”“难点”“疑点”等，搭建有坡度的“脚手架”或“引桥”，帮助学生顺利地攀登。

幸福课堂让学生像学科专家一样思考，不仅实现自我建构，还要实现共同建构，在和知识与世界的融通中享受学习的快乐，形成愉悦感和幸福感。

32 新学程研究：从教学走向教育

赫尔巴特在《普通教育学》中提出了“教育性教学原则”——教学目的是造就学生的德行。①但是遗憾的是，今天我们越来越把教育和教学当成两件事。譬如，很多学校设置了两个重要的部门，一个叫教学处或教务处，主管课堂教学；一个叫教育处或德育处，主管德育等工作。

本来，德行之“盐”就在食物里，但是现在为了强调口味，把“盐”单独拿来吃。然而，谁愿意单吃“盐”呢？因此，回归课堂教学育人的本质属性，从教学走向教育，就成为幸福教育的必然选择和努力方向。

新学程实践研究，就是让课堂从教学走向教育，即从教学目标走向学习目标，从教学设计走向学程设计，从虚拟情境走向真实情境，从展示性活动走向真实性任务，从照本宣科的碎片化教学走向大概念、大单元教学，从关注学科知识走向关注学科核心素养，最终实现立德树人的根本任务。

① 彭正梅，本纳. 赫尔巴特教育论著精选[M]. 李其龙，等译. 杭州：浙江教育出版社，2011.

一、把课程标准和中国学生发展核心素养、幸福教育核心要素结合起来，基于新时代立德树人的要求，使教学目标上升为结构化的整体育人目标，重构课堂教学育人目标体系

依据课程标准编纂的教材，无非就是给教师实施课堂教学提供一个案例或样本。教材内容本身不是教学目标，只是落实课程标准，实现教学目标的一个手段。如果依据教材内容设计教学，那就是一节课、一篇课文、一道题式的碎片化的照本宣科的低效的知识教学，难以达到育人目标。

杜威说，学校改革的核心，是使学校适应社会和知识环境的总体变化。随着社会的发展、世界格局的变化，在新时代，国家提出了学校教育的根本任务是立德树人，并发布了面向未来的中国学生发展核心素养。因此，学校教育教学也必须随之做出改变，唯有如此，培养的学生才能适应未来社会的需要。

我们按照育人目标，重构课堂教学育人目标体系，重构学段、学年、学期、单元学习目标。

首先，重构校本化的育人目标体系。把中国学生发展核心素养作为根本目标，融合幸福教育核心要素，并与学科课程标准中的核心素养结合起来，重构校本化的育人目标体系，然后把育人目标体系转化为每个学段更加具体的育人目标，再分解到每个学年、每个学期中。

其次，重构单元学习目标。学期是落实课程的时间单位，每个学期单元学习目标的落实是落实育人目标体系的基础。要把学期育人目标分解或转化为每个单元更加聚焦的学习目标。

再次，研发与单元学习目标相配套的学习任务群。按理说，教材与课程标准是相对应的，如果重构育人目标体系，统编教材就不足以达成新的单元学习目标，就必须以统编教材为母本，添加与单元学习目标相匹配的校本学习资源，构建由教材与校本学习资源共同构成的学习任务群，用以落实新的单元学习目标。

最后，把单元学习目标和学习任务群分解到每一课时。只有这样，每个课时的学习才会拥有整体的育人价值。

二、通过学程研究和实践，改变课堂结构和流程，采用自主、合作、探究的学习方式，开展深度学习，有效落实每一课时的学习目标，进而达成总的育人目标

育人目标是通过从上到下的建构方式传导到每一课时的。反过来，就是课时学习目标构成单元学习目标，单元学习目标构成学期育人目标，学期育人目标构成学段育人目标。只有扎实有效地落实每一课时学习目标，才能最终达成总的育人目标。

以学程为标志和主导的幸福课堂，教师不是简单粗暴地告知学生，而是把学习目标和学习任务群交给学生，让学生通过自主思考、同伴合作、探究创新等方式像学科专家一样去思考和实践。

学习的过程，一般是给予学生材料、事例等让他们去搜集信息，并对其进行整合、判断，发现模糊的观点、原理等，再通过自主思考、同伴研讨对这些模糊的观点、原理等进行分析、讨论、辨析、厘清，然后提出有效、聚焦、联结的观点、原理等，并据此提出解决问题的方法、策略和路径，通过独学、对学、群学等学习方式去解决问题。

有时候受学习时间、空间、资源等要素的制约，没有解决问题，但这并不妨碍学生思维、能力的发展。学习的关键不是学生有没有记住什么、理解什么、解决什么问题，而是有没有养成习惯、激发动机、培养能力、收获方法、发展思维和情感。

对课堂结构和流程的再造，就是通过提供资源包、工具箱、脚手架等学习工具和独学、对学、群学等学习方式，把学习过程交给学生，让学生进行自我建构和同伴建构，学习知识，掌握技能，发展思维，丰富情感，发展社会性，形成解决问题的能力，扎实有效地落实

每一课时学习目标，最终达成总的育人目标。

从教学走向教育，才是正确的教学思想，才是正确的教学行为，最终才能实现立德树人的根本任务。

33 建设一间幸福教室

学生的日常生活主要是在教室里度过的。教室是不是幸福教室，将决定学生的幸福度。潍坊幸福学校李虹霞老师的教室里，挂着于永正老师写的一幅字“幸福教室幸福多”。李虹霞老师出了一本书，就叫《创造一间幸福教室》，在书中她向我们描绘了幸福教室的样子和日常幸福生活。[①]作为校长，当年我经常光顾这间幸福教室。这是我在中国普通学校里所见过的最有幸福韵味的教室。据她讲，毕业十年后，幸福教室里的孩子们从天南海北回来再次聚到她身边，一起回忆当年幸福教室里那些幸福事的时候，仍然幸福满满地感谢那间曾经带给他们幸福生活的幸福教室。可见，建设一间幸福教室对孩子一生的幸福意味着什么。

那么，如何建设一间幸福教室呢？

一、建设适合儿童健康快乐成长的物理空间

教室的空间、环境和资源不仅直接影响儿童的生存方式和身体健康，也会影响儿童的社会化发展，事关儿童的生活质量和生命成长。因此，打造舒适的教室环境，创设优良的生活空间，配置丰富的学习资源等是建设幸福教室的重要物质基础。

---

① 李虹霞. 创造一间幸福教室[M]. 北京：教育科学出版社，2013.

1. 打造舒适的教室环境。教室里的空气、温度、光线、声音、颜色等物理要素都是教室环境的组成部分，它们舒适与否会引起师生不同的感受，让师生产生不同的情绪。例如，空气清新，会使人大脑清醒，从而提高学习效率；而空气浑浊，则会使师生的大脑供氧不足，从而降低师生的生活质量。再如，亮度要适宜，光线要分布均匀。光线太强会让人烦躁，光线太暗则不能引起大脑足够的兴奋，而且影响学生的视力。要通过规划和布置，让教室变得舒适、美观，适合儿童健康成长。

2. 创设优良的生活空间。教室不仅是上课、学习的地方，学生还要在里面习得做人做事的道理。教室里的空间布置要生活化、具有亲和性、富于变化，以引发学生的好奇心和探究心。应合理划分生活区域——学习区、展示区、评价区、公告区、荣誉区、新闻区、生活区、图书区、益智区、器材区等，营造方便、有序的环境。教室布置应配合教育教学需求，发挥实效。教师的办公桌椅、学生的桌椅、清洁用具等都要整体设计，有序摆放，使教室看上去宽敞、舒适，增加学生对教室的归属感和依恋感。

3. 配置丰富的学习资源。教学类，如各科单元重点内容、学生的作业、图书、挂图等。材料类，如纸张、颜料、图钉、碎布、磁铁、绒布板、棉线、胶带、彩球、彩带等。器物类，如清洁用具、电器、剪刀、时钟等。娱乐用品类，如球类、跳绳、棋类等。装饰类，如盆景、插花、手工作品、插图等。在配置学习资源时，要确保它们具有教育性、安全性和实用性。

4. 延伸教室的空间。课间学生还要在走廊等教室外的空间活动，这些空间既要能陶冶学生的身心，又要能促进学生的视力健康。因此，可以绿化走廊：适当摆放盆栽，让学生亲身体验种植，照顾盆栽；可以柔化走廊：根据儿童的年龄特点，将儿童熟悉的物品或学习成果，如球拍、乐器、作文等悬挂、张贴在走廊上，吸引儿童的注意力，培养儿童的兴趣。与教室相连的任何空间都是教室的外延，都是学生的生活空间，都必须关注和重视。

二、打造适合儿童幸福生活的人文空间

1. 把治理教室的权利交给全体学生。一是建立机构，设置各部部长等职位，通过学生自我申报、民主选举的方式产生教室治理机构。为了展开竞争，同时选出两套治理机构，让他们进行演讲，提出自己的治理方案和服务内容，通过全体学生投票，选出一套机构治理教室，另一套则进行监督，以培养学生的社会责任感和民主意识，锻造他们的管理才能，形成公平、公正的班级文化和民主风气。二是设置多岗位制度，即全班每个学生都有自己的社会性岗位，可以为班级、为全体同学服务，例如窗户管理员、空调管理员、清洁用具管理员、电灯管理员、文化墙管理员、教室门管理员、卫生管理员、纪律管理员、秩序管理员……每个学生都要为班级贡献力量。三是师生一起设计和建构班级文化体系，包括班徽、班花、标识、吉祥物等。可以让家长参与进来。四是师生一起制定班级制度、规矩、守则、行为规范等，并一起遵守。五是教师、学生、家长一起制定评价体系，一起参与评价，让评价导向结果。六是建立班级家长委员会，支持班级建设，包括为班级获取课程资源、外出活动等提供支持。每个学生都成为班级的主人，同时遵守班级规则，服务他人，与他人合作共处，为班级建设做贡献。

2. 运用技术和工具确保教室里的民主、公平与自由。例如，在课堂教学中，有的教师喜欢某个学生，或者估计某个学生能够回答正确，就经常与那个学生互动；而经常不与教师互动的学生，则认为课堂互动事不关己，慢慢地就游离于课堂学习之外。显然，教师这样做对全体学生是不公平的。传统学校在评选优秀学生、选择课程等许多方面经常出现教师的“一言堂”，而学生则失去民主和自由，得不到公平的待遇。而保障公平是需要工具的，这就需要教师将主观喜好

转变为客观做法，让每一个学生拥有平等的机会。为此，我们研发出了“公平筐”。在小小的“公平筐”里，放置与班级学生人数相等的木条。木条上写有数字，每个数字对应一个学生。在教学过程中，教师不再按照自己的喜好决定与谁互动，而是随机抽出木条来决定由谁参与互动。这样，教师不仅能够检测出学生的真实学习情况，而且能够激发学生参与学习和思考，因为谁也不知道下一个问题会由谁来回答。在岗位选择、课程选择、项目选择等方面也使用“公平筐”，建设公平的文化，让每一个学生获得归属感、安全感。

3. 科学合理地安排教室的座位。一是学生整体的座位排列方式。现在基本上有两种。一种是“秧田式”：座位一排一排地排列，更适合以教师“传授”“灌输”为特征的教学，优点是便于教师控制课堂纪律和秩序。另一种是“围坐式”：根据学习任务的需要让学生围着坐的排列方式，更适合合作探究、自我建构的学习方式，但不便于教师控制课堂纪律和秩序。这两种排列方式各有千秋，应根据学生的年龄和学习内容安排。二是学生个体的座位安排。座位安排对学生的学业成就、参与感和学习态度有很大影响。例如，坐在视野良好位置的学生，参与教学活动时就比较主动、活跃；坐在前面的学生，在课堂上通常更主动、更积极。座位安排和调整涉及学生的切身利益和具体感受，影响他们的幸福感。班级要制定座位排列轮换制度和机制，公平、公正地对待每一个学生。

教室是师生共同活动的场所，应该由师生、家长共同设计，一起建设。幸福教室是有生命、有成长的，可以通过师生、生生互动，让学生获得满足感、归属感和幸福感。

34 营造幸福教育的课堂文化

与幸福教室建设相随相伴的始终有一个课堂管理问题。要解决这一问题，就要营造幸福教育的课堂文化。这是落实幸福课堂有效性的重要手段和保障。

一、对幸福课堂三要素进行有效统合，建立幸福课堂的保障系统

幸福课堂包括“人”“物”“事”三要素，要对它们进行有效统合，营造幸福课堂文化。

“人”，包括教师、学生和家长。第一，作为课堂主导的教师，其素质、态度、能力和水平决定师生关系，进而决定课堂秩序和学习品质，并最终决定课堂文化和教育效果。如果教师教学基本功扎实，谈吐幽默风趣，能够自如地运用有效的教学手段，就会激发学生的学习动机，引领学生在愉悦的学习过程中达成学习目标。第二，学生群体关系、群体动力决定班级的学习风气和学习氛围，决定课堂效果和学生的幸福度。如果建立起团结、友爱、宽容、谦让、相互帮助、相互支持的同学关系，就会形成优秀的班风，并决定课堂效果。第三，教师与家长的关系、学生与家长的关系也会影响课堂效果。如果家长信服、崇拜教师，就会大力支持教师的工作；家长对教师的大力支持，又会影响孩子对教师的喜欢程度。

“物”，包括所有支撑学习发生的空间、环境、资源。可以分为两

类。一类是学习空间和环境。如果教室里温度过高或过低，就会影响学生的学习情绪；如果教室里卫生环境不好，就会影响学生的心情；如果教室外过于吵闹，就不利于学生安心学习；等等。另一类是学习资源。如果教材编纂更加符合儿童的认知和生活经验，就更能引发学生求知的欲望；如果运用现代化教学手段，就能提高学生参与学习的兴趣；如果为学生提供丰富的学习资料和学习工具，就会增强学生合作学习和自我建构的能力；等等。

“事”，就是学习。从上课铃声响起到下课，“人”充分利用“物”来完成学习这件“事”。正是因为有学习这件“事”，才推动课堂进程，才有教学相长，达成课堂目标，促进学生社会化发展。从入职前培训，到学习和研究课程标准、教材，到备课，再到上课、布置和批改作业、辅导学生、检测教学效果，再到评价和奖惩学生等，教师的职业能力就是围绕学习这件“事”展开的。做“事”的过程和效果将决定班级的学习习惯、学习氛围、学习风气和师生关系、生生关系。

只有把幸福课堂“人”“物”“事”三要素统合起来，并让其有效互动，才能追求到充满幸福感、有效能的课堂。

二、建立师生共同成长的动机和发展愿景，形成团结、合作、宽容、互助、和谐、积极向上、竞争有序、相互谦让、为别人鼓掌的课堂文化

要形成良好的课堂文化和优良的班风，首先要从培养和强化学生良好的习惯开始。通过愿景、理念、文化、组织、制度、治理结构、管理方式、运行方式、评价方式、奖惩体系等建设，形成良好的课堂文化和班风。比如，师生共同制定班规、准则，设定班级文化和行为准则，民主选举产生组织机构，推进学生自我管理，实行学生多岗位负责制，学生参与评价体系，建立激励表彰机制等。

一个班级总会有特殊的孩子，他们破坏课堂纪律，影响上课秩

序，回家不写作业，不喜欢读书，有心理和情绪问题，等等。有时候班级的课堂文化深受他们影响。班主任必须高度重视对他们的干预，可以召开学科教师、家长和专家参与的“个体研讨会”，摆出事实，分析原因，形成解决方案，由班级全体教师和家长一起实施。

家长群体本来远离课堂，但是他们会通过孩子对课堂文化建设施加影响。学校和班主任可以把家长组织起来，打造强大的班级家长团队，形成家校合育的力量，以达成教育教学目标。

良好的课堂文化和班风不仅可以让学科教学更加有效，也可以为学生人格、情感和社会性的发展创造条件。

三、正确把握课堂管理与课堂教学的关系，精心设计课堂教学并有效实施，进行过程性评价，即时奖励，实现课堂的有效性

良好的课堂常规是有效教学的必要条件。国家有小学生日常行为规范，学校有校规，这些是制定课堂常规的基础和前提。师生应一起建立课堂常规，并共同遵守。课堂常规包括文明礼貌、仪容仪表、纪律秩序、课堂活动、课间活动、体育活动、集会活动等方面的内容。

在课堂教学过程中，教师是课堂的主导和核心人物，掌控课堂的节奏和方向。要实现有效教学，一要学习和研究所教学科的课程标准；二要备好每一单元、每一节课；三要把握好课堂教学的过程，在规定时间内认真上课；四要精心分层布置作业，及时批改作业并发现教学中的问题；五要进行个体或团体辅导与巩固练习，实现知识的内化和迁移；六要定期研制和开发检测卷，对一个时间段内的教学情况进行检测，寻找问题，改进教学。教师良好的教学行为和效果将为课堂文化建设提供强大的动力。

为了防止出现负面课堂行为，教师要及早进行干预。负面课堂行为是学生违反课堂常规所表现出来的行为，是在特定情境中妨碍或影响学习活动进行的行为，包括干扰同学学习、违反纪律、对抗教师的

合理要求等。这样的行为往往会打断课堂学习活动的连续性，进而影响课堂文化的建设。要根据不同的行为采取不同的干预措施，包括即时性或过程性评价，物质或精神奖励，以确保课堂学习活动有序进行。

只有形成良好的课堂文化和班风，才能建立幸福课堂文化，提升教学效果和育人效能，实现立德树人的根本任务。

第七章

幸福教育中的教师

35 教师常常不幸福

要实施幸福教育，就需要教师把幸福的因子传递给儿童。然而，如果教师常常不幸福，又如何向儿童传递幸福，让儿童拥有幸福？

2019年秋，我们去瑞典的友好学校南纳学校访问，发现这里的教师特别快乐，满脸笑容，走在路上都愉悦地哼着小曲。那种状态让我们很是羡慕。晚上6点，位于北极圈的乌普萨拉市天已黑黑的，但校园里还是一片灯火：教师们在忙着辅导学生课业或指导学生开展社团活动。

在与南纳学校校长海瑞克交流时，我们问："你们的教师存在职业倦怠吗？"听到翻译后，他摇摇头，觉得这个问题不可思议："这里不存在职业倦怠问题。"

我们又问："假如一位教师出现了职业倦怠，学校会怎么办？"

他想了想说："很简单，教师感到倦怠了，随时离开学校，改行做别的职业，不就可以了吗？"

我们考察了瑞典学校的用人制度。在瑞典，要获取教师资格，难度很大。例如，要想做小学教师，要有硕士研究生学历，并有一年教师岗位实习经历，然后才能参加教师资格证书考试。在学校里，我们看到了几位见习教师。

学校要录用教师，先向社会发布招聘信息（海瑞克校长向我们出示了一个专门的网站），明确岗位要求，规定聘用周期、工作时间和薪酬水平。然后校方代表和前来应聘的教师见面商谈，达成聘用意向后，学校组织专业教师进行考核，合格后再经过一个学期的试用，双方彼此满意，才签订正式聘用协议。试用期间，如果有一方不满意，例如，教师认为校方支付的薪水少、工作量大等，或者校方认为教师的教学能力差、课堂组织能力弱等，二者就可以分道扬镳。

可见，教师入职是学校和教师双方“自由选择”的结果。按照瑞典法律的规定，一旦学校和教师签订正式聘用协议，聘期内学校不能随意辞退教师，教师有教师工会支持；教师也不能随意离职，否则将承担法律责任。

我们的学校用人制度与他们不同。我们的应届毕业生就可以考教师资格证书，不需要有一年见习教师的经历；拿到教师资格证书之后，只要通过政府组织的教师入编考试，就可以入职当教师。

实际上，教师需要天天与儿童打交道，并不是什么人都适合从事这个职业，例如，天天板着脸不会笑的人就不适合当教师。我们的教师入职前和学校并没有比较充分的“试探”和“适应”过程。如果他不适合当教师或做得不合格，学校是很难辞退他的。如果他想离职，也很难。有些教师因为身体不好、精力不够等原因要求提前退休，也不会被批准——可以回家病休，但不能“退出”编制。

在这样的环境里，随着生活和工作压力的不断增大，教师的职业倦怠会不同程度地滋生。

据辛星对上海市中小学教师职业倦怠情况的研究，普通小学教师的职业倦怠在从教之初就非常严重，而且一直维持在较高水平，在从教第 6—9 年有比较明显的下降，而从第 9 年开始又持续上升。而重点小学的教师在从教最初两年职业倦怠达到中等程度，第 3—5 年最为严重，从第 6 年开始持续下降，但也维持在较高水平。

辛星研究认为，导致教师职业倦怠的主要原因是社会对教师期望太高，要求太多；工作强度过大，批改作业任务繁重；工作时间过长，回家后还要继续工作；学校和教育部门的各种检查、评比过多；

工资和福利待遇太低；等等。[①]我们认为，要想解决教师的职业倦怠问题，根本方法是改变教师入职方式和入职后的人事管理制度。试想，一个人长期被困在一个单位或一种职业的一个岗位上，失去对职业或岗位的自由选择权和流动权，或者说个人自由发展的空间受到限制，那么他对工作的热情自然就会消融，因而也就常常感受不到职业幸福。

在新时代，如何破解教师的职业倦怠问题，是一个难题，且是一个不容回避的难题，更是必须解决的难题。

要实施幸福教育，建设幸福学校，让学生幸福，首先就必须让教师幸福。在教师存在不同程度的职业倦怠，而且一时难以消除的情况下，必须另辟蹊径，在目前的人事制度框架内探索一种让教师自由选择职业和岗位的方案。只有给予教师一定的自由空间，使其能够自由选择职业和岗位，才能从根本上解决其职业倦怠问题，让其拥有职业幸福感。

---

① 辛星. 上海市小学教师职业倦怠现状调查及思考：以对上海市365名小学教师的调查研究为例[D]. 上海：华东师范大学，2005.

36 过一种淡定而幸福的生活

如果教师天天事务缠身，手脚忙乱，他还能够有章法地组织教育教学吗？他还能够心平气和地与学生和家长打交道吗？“如果想获得幸福，就必须拥有一份淡定。唯有淡定，才能让你的内心安静下来，才能让你真正享受到人生的真滋味。”[①]显然，只有尽力解除学校给教师造成的“压力山大”，才能让教师安心教学。而教师只有淡定下来，才能过上幸福生活。

刚到北京工作的时候，我看到许多班主任天天背着个鼓鼓囊囊的大布袋。经过询问，才知道里面装的是收取的学生的餐费。每月一次，班主任逐个向学生收取现金。为了避免收到假币，还要在每张纸币上写上学生的名字。等到全班收齐了，交给学校财务，再经过银行清点，才算完成餐费收取工作。这项工作拖拖沓沓，有时需要持续一到两周。

其实在当下的学校，不仅餐费收取工作，还有许多工作也压在班主任身上。

目前，中小学教师承担了大量与教育教学无关的社会性事务。例如挂横幅、贴标语、迎接非教育教学性检查……虽然教育部下发了为教师减负的清单，但学校是社会的一个细胞，班主任是学校最基层的管理者，不论如何，上级部门的千针万线还是会不断穿进学校，再穿

① 于海英.淡定的人生最幸福：畅销精读本[M].成都：天地出版社，2016：1.

进班主任这个“针鼻”里来。

有一位女儿当教师的父亲对我说：“当老师未免太忙啦，你看双休日开会，下午看托管班，晚上备课、批改作业，休息时与家长沟通、家访，假期值班、参加培训……”我自嘲地说：“是啊，我们老师早上 7 点到校，晚上 7 点下班回家，属于世界上最忙碌的人！”

从学校管理学来说，应该把教师放在第一位。因为教师是办学的主体，是提高教育教学质量的主力，是决定儿童一生是否幸福的重要人物。“关注学生，首先应该从关注教师开始。当学校把教师放在第一位的时候，教师也会把学生放在第一位。”[①]如果学校不把教师放在重要位置，也就无从追求优质的教育教学质量、良好的师生关系和卓越的学校发展。如果教师天天忙于事务性工作，不能聚焦于教育教学、班级管理、专业发展，连与学生单独交流的时间、集体教研的时间、批改作业的时间、辅导的时间等都被占用，还怎么能够为儿童办出幸福教育？

据我在山东和北京工作时的统计，学校每年接到上级文件大约 2000 个，如果按照每个学年工作日约 200 天计算，每个工作日需要处理约 10 个文件。这些文件里有统计，有报表，有安排，有活动，有会议，有要求，有检查，有档案，有材料，有验收……学校不能被动地接收文件、安排相关工作，更不能将这些文件一股脑儿转给教师，必须建立应对机制，为教师撑起一片蓝天，以便让他们集中精力做教育教学工作。

如果要让教师感到幸福，首先就要减掉教师额外的负担和压力。因此，学校在安排工作时，要先评估一下某项工作的办理难度和耗费的时间、精力，应确保教师把主要精力和时间用到教育教学上。

学校在安排工作、布置任务时，必须充分考虑教师的工作特点、

① 李希贵. 学生第二[M]. 北京：教育科学出版社，2021：封面.

工作性质、工作难度等，把一些与教育教学无关的社会性事务挡在学校层面，交给专人负责。如果让教师去做，就要思考如何合理安排，向教师讲明白如何去做，并提供工具和方法，让教师用最少的时间、最乐于接受的方式完成任务，而不是硬性摊派。

然而，真正落实起来，我们发现这并不是一件容易的事。当年我在办公会上提出要解决班主任收取学生餐费的负担时，当即遭到反对，有人说："都收了多少年，大家都习惯了。现在要改变，拢到学校来收费，可学校没有能力解决这一问题。"我再三解释为什么要改变这一做法，同时研究和寻找信息化解决方案。最终，我们和银行合作，为每位家长免费办理了银行卡，家长预先把餐费打到卡上去，学校联合银行逐项扣款。当然，现在这种做法已经很普遍了，但在 2011 年，我们属于较早吃螃蟹的学校。

虽然为教师减负的清单来了，但能不能真正减下来，关键在于学校，在于学校的管理层。只有让教师过上淡定而幸福的生活，才能办出幸福教育。

37 教师的职业幸福来自教师的尊严

网上一则视频显示，某地一位退休男教师在集市上偶遇多年不见的学生，结果这个学生抡起大巴掌狠狠地把自己的老师打了一顿，边打边说："你忘了当年是怎样打我的了吗？"

这则视频一经流出，引起社会各界一片哗然。虽然打人的学生被判刑，但教师脸面、斯文尽失，没有了做教师的尊严。

教师如果连尊严都没有了，还有什么职业幸福可言？

然而，我们需要沉思：这位退休教师为什么会被自己曾教过的学生殴打？这既有教师自身职业操守的问题——因为当年打学生，学生长大后对他进行报复；也有学校教育的问题——学生进入社会后对母校怀有愤恨之心时，学校教育在这个学生身上就失效了。因此，归根结底，教师能否维护自己的尊严，主要还在于自己。

来到北京做校长不久，一位家长通过邮件向我告状，投诉一位老教师在课堂上说话难听，常用语言伤害学生。家长列举出这位教师的许多"京骂"。实际上，正是教师这些不自觉、不规范的行为，损害了自己的尊严。试想，教师为人师表，如果不守规矩，任性乱来，怎么能被学生和家长认可？怎么能赢得社会对他的尊重？

《吕氏春秋·不苟论第四》说："欲知平直，则必准绳。欲知方圆，则必规矩。"没有规矩，不成方圆。教师不守规矩，就不大可能教育出守规矩的学生。

教师有时很难厘清什么应该做、应该做到什么程度，什么不应该做、如何避免等。学校应为教师制定必须遵守的规矩，要从道德、言语、形象、交际、礼节、行为等各个层面制定具体、可操作的规矩。我们学校制定了幸福教师规矩，为教师的教育教学行为和做人提供了一个标尺。这样，教师就可以据此树立良好的形象，维护自己的尊严。

只有守住规矩，维护尊严，教师才能获得职业幸福感。道理很简单：如果教师因不守规矩而经常被学生和家长投诉，哪能获得职业幸福感？

38 用职业标准提升教师的幸福能力

教师的幸福能力，即对幸福的感受力和创造力，是通过专业成长获得的。要想实现专业成长，首先需要建立职业标准，拥有职业能力。

芬兰教师的职业能力非常强大，他们的专业性很强。例如，芬兰的小学只有课程标准，没有教材，课堂上的教学材料是教师自己按照课程标准（课程标准精准细化到每周的学习目标），基于学生的实际选择的。

正是由于芬兰教师很强的专业性，国家放权给学校，学校放权给教师，教师的教学空间很大，他们拥有很大的教学自主权，教什么、如何教、教到什么程度，都由自己说了算。①

正是这个原因，芬兰的基础教育非常优秀。多年来在国际学生评估项目阅读、数学、科学三项素养的测评中，芬兰学生都取得了非常好的成绩。

教师的专业性表现在很多方面，但主要表现在授课水平、课堂组织能力，以及与同事、学生、家长的关系处理上。教师的专业性涉及教育学、心理学、管理学、人类学、社会学、历史学等多个领域、多个学科的知识体系与素养。

然而，我们发现，今天教师的专业性达不到律师、医生等职业的专业性。或者说，相对于律师、医生等，教师获取职业资格证书是很

---

① 钱文丹. 这就是芬兰教育[M]. 北京：中国人民大学出版社，2020.

容易的。从某种意义上说，当教师的入职门槛过低时，就会带来专业性先天不足的问题。

教师不是学完本学科专业就可以从事的职业，还需要春风和煦的面容，丰富的肢体语言，很强的口语表达能力，一定的幽默感，很强的组织能力、沟通能力、协调能力，以及充沛的体力和精力等。因此，一名新教师，要发展专业性，就要从教师的职业标准开始。这个标准规定了一名合格教师所需的基本操守和专业素养。

教育部发布的教师专业标准，可以作为教师专业性发展程度的参照。例如，《小学教师专业标准（试行）》在理念与师德、专业知识和专业能力三个方面提出了具体的标准和要求。作为小学教师，我们要对照《小学教师专业标准（试行）》一条条地评估和分析自己的教育观念、学识水平、专业素养、教学能力和组织能力等是否达标，并将其作为自己今后专业发展的基本依据和方向。

作为一所实施幸福教育的学校，我们认为教育部发布的教师专业标准是普适于全国中小学的。如果指向幸福教育办学方向，就要研发幸福教师专业标准。

我们将《小学教师专业标准（试行）》增容、丰富、扩展，研发出《幸福教师专业标准》，其中每个条目更加具体并富有可操作性，有利于幸福教师的职业发展和专业成长。

基于《幸福教师专业标准》，我们与高等师范教育机构联合起来为教师制定个人职业发展规划，这有利于促进每一个教师走上拥有幸福感的专业成长道路。

39 栽培一棵青年教师幸福成长树

青年教师是学校的未来。能否培养青年教师感知幸福、创造幸福和收获幸福的能力，将决定幸福教育的办学方向和品质。

同一所学校同一个专业毕业的青年教师，按理他们的智商、知识容量、技能水平等差不多，但是到不同学校当教师后，慢慢地就会出现分化，特别优秀者有之，优秀者有之，一般者有之。

青年教师的成长是有一定规律的，一般受到四个因素的制约：一是智商、性格等先天因素；二是“三观”和学识等入职前积累的基础因素；三是入职后的发展动机、愿望和追求等主观因素；四是所在学校的成长环境和激励机制等动力机制方面的因素。

其中，第四个因素是最重要的。第一个因素改变起来很难，第二、第三个因素受到第四个因素的影响和制约。每所学校的制度、文化、要求、空间不同，青年教师的成长环境不同，而在不同的环境中成长，经过一定的时间慢慢地就会出现分化。

青年教师入职后一般要经历成长期、成熟期和成就期三个阶段。我们研究发现，约有30%的教师止步于成长期，约有50%的教师止步于成熟期，约有20%的教师能走到成就期。青年教师能否走到成熟期，与学校的成长环境高度相关，与其发展动机也有极大关系，而发展动机往往又受制于成长环境。

因此，只有抓住青年教师在不同阶段的成长关键期，促进其专业成长，才能建立起拥有幸福感的教师队伍。

对青年教师的发展，我们确立的原则是：大目标，小步走，走一步，奖一步——以三年为一个发展周期，由一个个小目标达成最后的总目标。假设本科毕业生 22 岁入职，到 50 岁完成自己的专业发展，我们据此设置幸福成长的三个阶段、九个周期，形成星级教师申报、评价、奖励制度。

第一阶段——成长期（入职第 1—9 年，三个周期，申报 1—3 星教师）。对一位青年教师来说，入职后的九年是其重要的成长期。因为在此期间，小学教师可以从一年级到六年级教一轮，初中、高中教师可以从一年级到三年级教三轮，从而具备一定的教育教学经验。此时，他对教师职业的理解、适应学校的能力、班级管理能力、教学基本功、课堂掌控能力、学科知识体系、研究能力、与同事和家长的合作能力等，都会得到充分发展。如果青年教师在这九年没能成长起来，其专业发展可能就止步于成长期。

第二阶段——成熟期（第 10—18 年，三个周期，申报 4—6 星教师）。经过九年的教育教学积淀，教师迈过了三十而立的人生大关，拥有丰富的教育教学和管理经验，校园内外的人际关系也趋于稳定，此时如果继续发力，深入研究，不断追求，则会变得更加优秀。如果教师自我感觉良好，自鸣得意，放松了对专业发展的要求，其成长可能就止步于成熟期，他就只能成为一般意义上的“好教师”，而不是受人尊敬的卓越教师。

第三阶段——成就期（第 19—27 年，三个周期，申报 7—9 星教师）。经过十八年的教育教学历练，教师到了四十不惑的阶段，家庭稳定，事业有成，拥有人脉。此时如果继续前进一步，则会达到职业的顶点、人生的辉煌，成为备受学生和家长敬重、被学校视为“宝贝”的卓越教师。此时，各种称号、各类奖励纷至沓来，成为一方名师、业界标杆，受到学校的厚爱、上级的青睐、社会的尊崇，人生价值得到实现，幸福感很高。

由此形成一棵青年教师幸福成长树。我们把三年作为一个发展周期、一个星级梯度，青年教师只要在每一个发展周期脚踏实地一步一步地“摘星”，经过三个阶段、九个周期持续申报、参评“星级教师”，就一定能够达成阶段性发展目标，幸福地成长。

从理论上讲，如果每一位青年教师在“追星”过程中都能够得到充分的帮助和激励，他就能够走到成就期，一支高素质的幸福教师队伍就会形成；而从实践来看，由于学校提供的支持和条件不同，学校的培养机制不同，个人的发展动机不同，有些教师走到一定的阶段就止步了。

每一个成长阶段，对青年教师来说，都是成长的关键期。我们必须抓住青年教师成长的关键期，浇水，施肥，剪枝，捉虫，栽培出一棵生命力旺盛的幸福教师成长树。

40 提升幸福教师的学术能力

教师的职业幸福，主要是在与学生的互动过程中获得的。既来自日常的教育教学生活。例如，学生优良的学业成绩、学生优秀的行为表现、班集体赢得的业绩与荣誉、学生对老师发自内心的眷恋与感激、学生家长的肯定与赞美、学校的表彰与奖励等，这一串串惊喜和愉悦，就汇集成教师幸福的生活。也来自所培养的学生取得的成功。例如，学生长大后取得骄人的业绩，不论成为科学家、发明家、企业家、政治家、军事家，还是成为各行各业的劳动模范、冠军、明星、高级技能拔尖人才、优秀的社会工作者等，听到或看到学生的成功，就是教师最大的幸福。

如何获得日常教育教学生活中一串串的幸福？又如何让所有教过的学生走上社会后取得人生的成功？关键在于教师的学术能力，包括课程教学的研究能力、课堂教学的组织能力、班级和谐的管理能力、与同事相融的协同能力、与学生共情的协调能力、与人共享的表达能力……

苏霍姆林斯基写道，只有当教师的“知识、科学、文化和孜孜不倦的劳动的光辉照亮了个人点滴的禀赋、天才、爱好、才干的时候，后者才会闪耀出光彩来”。[①]

① 王天一. 苏霍姆林斯基教育理论体系[M]. 2版. 北京：人民教育出版社，2003：262.

遗憾的是，有些教师教了一辈子书，却没有建构起适应幸福教育生活的学术能力。例如，在课程教学的研究能力方面，没有建立起“哲学思想—育人价值—课程标准—教材体系—教学目标—教学方法—有效检测—每一个学生的个性化发展”的学科教学逻辑，很难真正实现专业成长，走向成熟，获得职业幸福感。

有些教师没有形成较高的学术能力，这不能怪罪于教师本人。因为学校的课程内容和工作节奏固化后，教师只有照本宣科地按照学校的节奏走流程，才能完成教育教学任务。还因为被安排了很多非教育教学性工作，如创卫、扶贫、防疫等，教师很难有独立思考学科思想、分析课标、研究学情、改编校本学习资源、研究教法等的时间和空间。如果教师的学术活动没有深入研究和研讨的过程，那么，他的学术能力就会像浮萍一样漂在水面上。

按照目前的学校运行模式，要想在开学后组织教师开展深度结构化、整体性的学术活动，几乎是不可行的。怎么办？幸福教育推出了“学术休假”活动。

“学术休假”，是指利用暑假或寒假里的一段时间，组织教师到相对封闭的环境中集中进行学术研究。学术研究的主题或者是课程，或者是学程，或者是校本学习资源，或者是班级管理，或者是家校合育，或者是劳动教育……大家聚焦某个主题，一起研究、讨论、争辩、提取、分析、创新。“学术休假”活动虽然时间不长，但其间大家心无旁骛，集中精力，集体攻关，最终取得不少学术成果，收获满满。

一次“学术休假”活动结束前，一位老教师对我说：“校长，您看一帮子年轻教师，昨天晚上干到了下半夜。我们一干一整天，真的很出活儿。这样下去，过几年我们学校就会出一批明星教师。”

我非常认可他的看法。教师只要参与“学术休假”活动一次，就会成长一段。因为这样的学术研究，是在专家的指导下进行的，融汇了学术研究的思想和方法，凝结了专家和教师的集体智慧，可以让所有教师获得成长。

我们学校每年假期，在教师自愿报名的基础上，组织上百人的学术团队开展“学术休假”活动。《幸福语文》《幸福数学》《幸福英语》《幸福音乐》《幸福美术》《幸福体育》《幸福科学》《幸福信息技术》和《劳动教育》等校本学习资源，以及适性课程中的自主选修课程和公共选修课程、主题教育课程、家庭教育课程等都是在“学术休假”活动中逐步研发的。在“学术休假”活动中研发的三个教育教学项目还在北京市基础教育教学成果奖评选中获得了一等奖。

期末考试、阅卷、统分结束后，分管教学的副校长告诉了我一个奇怪的现象：凡是参加过“学术休假”活动的教师，不论是老教师还是年轻教师，其所教班级的学业成绩在年级普遍位居前列。

其实，这并不奇怪。无论做什么事情，如果不能理清逻辑关系，弄错方向，没有选对路径，即使累死，也不会出成效。当一位教师弄清方向，选对路径，学术能力达到一定高度时，就会从优秀走向卓越，从而获得职业幸福感。

41 教师幸福的前提是拥有一定的自由

“教育，为要人得自由；自由，就是精神上、身体上能自我支配。”[①]人们向往和追求自由，是天性使然。一个人如果没有心灵、行动、时空的自由，就很难获得幸福。然而，行走在社会上，我们会遭遇许多不自由。譬如，学校就是一座“围城”，一旦踏入，就会失去一定的自由。

“教育的核心工作是增加受教育者的经验，提升他们的能力，促进他们的成长。毫无疑问，教育有助于增加受教育者的第一种自由。教育增加了受教育者的知识，提升了他们解决问题的能力，使他们在面对需要解决的问题时，有更大的自由。”[②]因此，学校一定要给教师一定的自由。如果教师没有一定的自由，就很难获得幸福，也就难以把幸福的因子传递给学生。

有人认为，自由就是“我想干什么就干什么”。其实，这是错误的认知。从社会学的角度说，自由是指在不侵害别人权利的前提下按照自己的意愿支配行动，个体的自由均是相对的自由，必须受到社会的约束。教师也是一样，教师的自由也是相对的自由，必须受到学校制度的约束。

要让教师拥有一定的自由，学校要做到以下几点。

---

① 塔科夫. 为了自由：洛克的教育思想[M]. 邓文正，译. 北京：生活·读书·新知三联书店，2001：9.

② 马凤岐. 自由与教育[M]. 2版. 北京：北京师范大学出版社，2008：25.

首先，学校制度必须基于建设自由校园的理念而设计，必须是包容、开放、民主、表达一定自由意志的。否则学校里就没有多少自由可言。

其次，学校制度对教师的自由应有所保障。在时间、空间、岗位选择、合作同伴、教育教学等方面，要赋予教师更多自由。

最后，在实践中要维护教师自由的权利。相对学校来说，教师是弱势的一方。通常来讲，强势的一方会自觉不自觉地剥夺弱势一方的自由。因此，在实践中，学校应维护教师的自由。这既需要校长有较强的把控能力，也需要其他管理者有较强的执行能力，更需要有诉求反馈渠道，等等。

制度与自由是一枚硬币的两个面：没有任何自由的制度，建立不了维护自由的屏障，会走向专制，剥夺人们的幸福；而没有制度约束的自由，是盲目的自由主义，是为所欲为，其后果是可怕的。只有制度约束下的自由，才是真正意义上的自由。

只有让每一个人获得自由，才能建成自由的校园，才能产生真正的教育，从而让教师拥有职业幸福感。

42 建立教师幸福成长的动力机制

追求幸福生活是最大的人性。以人为本，在学校就是指建立以人性为根本、促进教师幸福成长的动力机制。

美国心理学家罗杰斯认为，人的不幸，根本在于迷失了人之为人的本性，为种种非其本性所欲的外物所累；人要重获幸福，就需回归本性，以本性引领自己的生活。①

目前教师入职制度、考核评价制度、绩效工资制度、奖惩机制、退出机制等人事工资政策很全面，也很具体，在学校层面可变革的空间不大。这样的人事工资政策虽然可以让学校保持相对稳定的状态，但也会挤压学校的变革与发展空间，使学校走向固化。长期固化就会导致办学机制僵化。办学机制僵化就难以激发教师的活力，就难以让教师实现自我价值，拥有职业幸福感。

在这样的背景下实施幸福教育，就必须寻找可能的空间，建立教师幸福成长的动力机制。

一、建立促进教师幸福成长的激励机制

教师是向善、向上、向美、向好的群体，他们特别希望实现自我价值，尤其渴望得到孩子们的喜爱、受到社会的尊重。建立教师激励

① 江光荣.人性的迷失与复归[M].北京：生活书店出版有限公司，2021.

机制，不能像其他行业那样以效益、工作量、盈利等为标准，而应以教师专业发展程度和学生满意度为核心依据。

第一，制定幸福教育教学标准。制定标准，是科学管理的基础，也是做好工作的前提，更是评价教师的依据。没有教育教学标准，没有基于标准的评价，对教师是不公正的，也会让教师寻找不到幸福感。

第二，制定基于标准的幸福教育考核办法。考核办法要经教师代表大会通过，保证公平、公正、中立、科学，从制度设计层面减少主观因素，杜绝人情关系，客观反映和称量教师的真正价值。

第三，实现考核主体多元化。充分参考教师本人、同事、学生、家长、社会第三方评价机构、上级部门的评价等，综合性、增值性地进行评价。

第四，合理使用考核结果。在对教师进行奖励时，应重视考核结果的使用。譬如职务评审、工资晋级、评优树先、绩效工资发放等必须依据考核结果，形成“谁干得多、干得好，就奖励谁、奖得多”的文化和机制，以形成全校做事、创新的氛围。

第五，实施多元化奖励。奖励包括评优、晋职、调资、加薪，以及发奖状、奖金、奖品、补助等，让教师拥有实在的收获感、价值感。同时，要有仪式感。譬如，在教师节召开表彰大会、在新年举办“立功受奖”活动等。另外，还可以运用其他奖励方式。比如，让优秀教师负责重要岗位、负责学校社团，提名其为学术带头人，优先选派其外出考察和疗养，为其召开个人教育教学研讨会，让其接受上级表彰，以其姓名命名工作坊、教学品牌、学校空间，协助其出版图书等。

第六，采用多种方式评价与奖励。即时性评价：在校会、教师集会上即时表扬好人好事，评选月度人物，发布团队月度考核结果。过程性评价：让教师评价和奖励贯穿整个学期。终结性评价：学期和学年结束，发布综合性评价结果，兑现各种奖励。增值性评价：将上学期的工作成绩与下学期的进行对比，对进步较大者进行奖励。

教师激励机制是一个系统工程，伴随教师一个学期或一个学年的工作，它激励教师不断地前行、进取，让教师收获职业幸福感。

二、建立有尊严的教师退出机制

幸福教育作为指向人根本性成长的教育探索，对教师的要求高于传统学校。个别教师或理念跟不上，或师德有问题，或教学不称职，或人际关系不和谐等，需要退出幸福教育。因此，建立教师退出机制，使不适应幸福教育的教师即时退出，就十分必要。这样的教师主要有以下问题。

一是理念有问题。其言行违背幸福教育理念，与学校文化格格不入，得不到学校、学生和家长的认可，甚至受到家长投诉。

二是师德有问题。其行为严重违反师德，我行我素，不肯改变。

三是教学有问题。对学生的态度、学术水平、亲和力、教学方法等得不到学生的认可，且没有改善的行动。

四是管理有问题。师生关系紧张，班级组织混乱，不能控制课堂，学生冲突不断乃至发生安全事故等。

五是人际关系有问题。高度自我，任性而为，不想学校大局，不顾他人感受，不管团队利益，管理者和同事难以与其和谐共事。

六是性情有问题。性格孤僻，性情多变；不苟言笑，冷淡寡言；独来独往，做事古怪；不修边幅，邋邋遢遢；等等。与学校幸福教育文化不符。

这样的教师会对幸福教育的实施造成严重伤害，也会给自己的幸福生活制造麻烦，甚至会感到痛苦不堪。如果让他换个地方，他可能就会改变自己，成为更好的自己。大量事实证明，“树挪死，人挪活”。因此，建立有尊严的教师退出机制就成为实施幸福教育的必然措施。

《事业单位工作人员考核暂行办法》中列举了专业技术人员“政

治、业务素质较低，组织纪律较差，难以适应工作要求，或工作责任心不强，履行岗位职责差、不能完成工作任务，在工作中造成严重失误或责任事故”属于不合格之列。对不合格教师，继续留用一个学年；考核再不合格，则予以解聘。

但到操作层面，在稳定压倒一切的要求下，我们发现《事业单位工作人员考核暂行办法》是难以执行到位的，即使再次考核不合格，教师也不会被轻易解聘。

然而，这样的教师会冲击团队的合作与力量，损害幸福教育的诚信与声誉。我们坚信，每一位教师都希望拥有尊严，都会积极努力地工作，都渴求将铁饭碗牢牢地捧在手里。但是，由于受到先天因素、主观因素和环境因素等制约，并不是每位教师都适应幸福教育的要求。

然而，一位教师在某所学校不适应，并不意味着他在其他学校就一定不适应。

有位数学教师教学能力较差，每个学期考试结束后总被家长投诉，学校想尽办法帮他改进，但是效果不好。学校准备让他改教科学，却遭到科学教师的反对：“他教了这么多年数学都不合格，改教科学就会合格吗？我们可不愿意一块儿被家长投诉。”这位教师知道学校为其付出的努力后，主动提出要调走。学校帮他调到一所学校。后来，他在那所学校焕发出光彩，成了学校数学骨干教师。

如果没有教师激励机制和教师退出机制，教师队伍必然成为一潭死水，那么学校就没有活力，教师也没有成长的动力。如果教师没有成长的动力，其生活就会变得枯燥乏味。教师自己都不幸福，又何以让孩子们幸福？

43 幸福团队需要抱团取暖

教师是一个需要合作与分享的职业。全国统一的课程和与之配套的教材决定了教学内容、教学方法和教学策略高度一致，这为教师的合作与分享提供了前提。在一所学校里，同年级、同学科教师在学情基本相同的情况下，更需要合作与分享。这样，不仅会促进每位教师专业的深度拓展，还会促进全体教师找到快速成长的路径。

建立强有力的教师学术团队，充分发挥学术带头人的作用，同时让每位教师贡献聪明才智，使教师团队抱团取暖、共同成长，就成为实施幸福教育的必要策略。

如果把每一位教师视为学校的一根手指，一根手指的力量是有限的，只有把所有手指攥成一个拳头，打出去才有力量，那么如何把所有手指攥成充满力量的拳头呢？

一、从组织机构上确保学术研究活动的开展

要加强团队学术研究，首先要建立学术组织。我们学校组建了语文和道法、数学、英语和双语、体育、艺术、科学和信息六个学术委员会，对学科的学术工作加以引领和指导。学术委员会按照年级设立学科教研室，缩小教研单位，拉近合作距离，提升研究效率。校长直接领导学术委员会，把学术活动作为学校的主线、主轴和主阵地，坚持不懈地抓好。充分发挥学科教研室主任的作用，每周一次大教研活动和多次随机合作教研雷打不动。每次大教研活动都有主题，有内

容，有记录，有评价，通过教研活动安排表把教学计划、研究计划落实到每个工作日、每个时间段。

二、从运行机制上确保学术研究活动的开展

学术委员会主任是本学科课程的设计者、引领者、管理者和评价者，假期里统一安排本学科一个学期的教研任务，包括通读课程标准、吃透教材文本、通过家访了解学情、集体备课、个人复备、观看优课视频、参加教学示范活动、读书、撰写随笔等。开学前学术委员会发布教学计划、教研计划、周研究课计划等，并在组织、人员、内容、方式、时间、地点等方面明确和落实，且利用秋季的“教育年会”和春季的“教育论坛”宣讲、讨论、分享，使全体教师达成共识并一致行动。开学后学术委员会主任和学科专家站在学科研究的前沿，至少每月一次把世界范围内或国内的教育教学新理念、新模式、新方法、新工具、新技术等及时传递给全体教师，引领本学科正确的前进方向，不断提高学科教育教学效能。同时通过参加教研、听课诊断把握教学情况，及时调整、指导、改进教学，确保教学的效度。学期结束时组织学科教师参照本年度中考、高考试题变化方向，借鉴教育目标分类学理论等命制试题，采用纸面试卷和面试等多种方式全面检测学生，在学业成绩和学生品质两个方面分析教育教学中存在的问题，放假前或开学前召开教学研讨会，通过数据分析建立模型，提出改进教学的措施和办法。

三、从教学检测过程上确保学术研究活动的开展

解决问题的前提是发现问题、分析问题。定期对教学进行诊断和分析是不断改进教学、保持教学效能的重要途径。根据教学进度，学校坚持每月举行一次“教学质量会诊”，即每月进行一次教学质量

检测和诊断，然后根据诊断情况组织教师研讨，找到教学中的问题，改进教学，提高课堂教学效能。每个学期结束时，我们认真组织学业质量检测，客观、公正地反映学情，撰写教学质量分析报告，做出终结性学期教学分析评价报告。通过同年级、同学科学业成绩对比、分析，发现班级之间、学生之间的差距，发现问题，加强对学生的集体和个体辅导；同时，教师改进自己的教学，避免相同的问题在下个学期反复出现。教师之间学术水平的差异是通过对团队全体教师学术水平的比较和分析得出来的。要通过学术委员会主任谈话、同事帮扶、本人反思等方式，让每一位教师持续得到发展并发挥自己在组织中的作用。

四、从教学评价机制上确保学术研究活动的开展

在分析班级教学质量，奖励教师团队时，我们要求班级之间学科成绩的差距不能超过 5 分。班级之间学科成绩的差距越小，对教师团队的奖励越大；反之，则会要求寻找原因并核减奖励，目的就是促进教师团队共赢而不是各自为战。每个学年结束时，按照教研室的工作标准对每个教研室的工作业绩逐项进行评价，评选出优秀教研室进行奖励，并奖励每位参与学术活动的教师。教研室主任的岗位补助与教研室的考核结果挂钩，每位教师的学术积分和奖励也与教研室的学术业绩挂钩，形成整体的评价与奖励机制，促进教师团队紧紧地团结在一起。

要办好学校，向学生提供优质教育，帮助学生幸福地成长，就需要建立一支优秀的教师队伍。而教师队伍的成长无非两个办法：一是把所有教师培养成骨干教师、名师，但这不是一蹴而就的，需要一个长期的过程，而且存在不确定性；二是当下把所有教师聚合成一只“拳头”，发挥教师团队的力量和作用，发挥每一位教师的聪明才智。

我刚到北京市海淀区玉泉小学的时候，全校没有一位特级教师，没有一位具有高级职称的教师，没有一位北京市级骨干教师或学术带头人……所有教师都普普通通。我们通过抱团取暖，发挥每一位教师的特长和优势，相互学习，取长补短，一起提高学术水平。慢慢地，课题、专著、论文、优课等纷纷呈现出来，特级教师、市区级骨干教师和学术带头人涌现出来，现在具有高级职称的教师已有一大批，学校教学质量逐年上升，在区域学业质量监测中连续多年居于“双优”位次。

44 让校园散发出幸福的芬芳

那是我刚到学校不久，一天午饭时同桌的老教师悄悄问我："您知道这所学校的老师最烦什么吗？"我笑着摇摇头。她说："我们最烦校长、副校长们有事没事地开会。我们现在练成了'功夫'，就是对领导讲话可以充耳不闻！"

校长、副校长们有事没事地开会，无非以下几个原因：一是传达上级文件的精神，实际上就是对教师提出新的要求，也就是给他们加压、加码；二是安排工作，提出要求，这还是加压、加码；三是对近期学校出现的问题进行批评或提出改进意见，这更是加压、加码。校长、副校长们在会上不是给教师增加工作任务就是批评他们，他们当然烦了。

让人更烦的是，有些校长、副校长们讲起话来不着边际，没完没了，有时过了下班时间还没有停下来的意思。这样的教师大会，谁不烦？

然而，校长治校，上传下达，提出要求，安排和点评工作，不开会显然是不行的。

我来到这所学校时，老师们已经不喜欢开会了，那么，我这个会怎么开？当时冒出来的想法是：不开会了。

一个月后，我向每一位教师发出了"校长有约"邀请函，上面写道："校长有约：某月某日下午 3:30 — 4:30，一个小时的约会时间，您可以来参加，也可以不来；听着有意思就听到尾，听着没有意思，中间也可以开溜！"

第一次，可能出于对新校长和“校长有约”的好奇，老师们都来“赴约”了。我用了不到一个小时的时间对幸福教育办学理念做了初步解读，首先让老师们感知到校长的办学理念，也引导他们开始思考幸福教育，逐步把大家的办学思想统一起来。

会议准点结束。我向每位参会教师赠送了两包从山东带来的“青岛钙奶饼干”。千里送鹅毛，礼轻情意重。礼物不贵，但是北京没有，所以依然给老师们带来一份小惊喜。

老师们私下里对我说：“喜欢校长和我们约会！”从那时起，差不多每月有一次“校长有约”。

校长约老师们做什么？

第一，把办学理念、办学方略、办学愿景、办学制度、办学路径、办学方法通过“校长有约”这个平台和老师们分享，给他们装载新理念、新文化、新策略、新方法，把大家的办学思想统一起来。

第二，把课程思想、课程建构方法、教学思想、教学方法等传递给老师们，引领学校教育教学的发展，提高老师们的教育教学水平和管理能力。

第三，对学校运行中出现的问题，特别是老师们的心理、情绪问题进行引导，引导他们避开风险、化解矛盾，点燃他们的激情，给他们装载希望，让他们开始新的生活。

第四，借机奖励、激励老师们，传递好消息，振奋人心，鼓励大家不断前行。

“校长有约”不是行政会议，因此不能随意；不是上情下达，因此每次我都会精心准备，把上级的要求和学校的实际结合起来，改编成故事，制作精美的 PPT 或小视频，并附上有趣的图片、能够叩击心灵的名言。每次“校长有约”都让老师们发出笑声、放松心情，为他们清除疲劳、装载梦想。

按照中国传统文化，既然老师们前来“赴约”，就不能让他们空手而归，我总会准备一些小礼物送给他们。因此，每次“校长有约”，必定让老师们感到“赴约”有所值。

实际上，每所学校都存在管理、教育教学和服务行为，幸福教育学校必须具有自己的特质，要让管理、教育教学和服务行为带给教师如沐春风的感觉，带给教师幸福的教育生活。

“校长有约”就是这样的尝试和探索。幸福是可以传递的。在幸福教育学校里，我们做任何一件事情，首先想到的是如何让全体教师感觉更幸福，更有激情和干劲。这样，校园里就会散发出幸福的芬芳，就会洋溢着幸福的味道。

45 称量出价值才能有幸福感

有专家在对教师的幸福生活进行归因时，把对教师公正、客观的评价作为影响教师幸福感的重要因素，指出“评价机制好比是杠杆撬动物体时的支点”[①]。

教师的幸福感在很大程度上来自对其工作成就的肯定和赞美，来自对其教育教学价值的称量和奖励。教师的工作价值是可以称量出来的。

“影响学校激励机制的基本因素是教师的需求，这是激励问题的关键。”[②]要建立幸福教师团队，就必须根据教师职业的特点设计教师考核和评价体系，建立教师激励机制。教师职业的特点是团队合作共赢和个人独立工作相统一。据此，可以从两个维度称量教师的工作价值。

一、通过级部团队赢分称量教师的工作价值

一位教师的工作岗位在某个年级，某个年级经过双选组成级部团队。级部团队的业绩与荣誉，由团队里每位教师“积攒”而来，也会反映每位教师的努力程度，体现他们的工作价值。幸福教育强调教师抱团取暖、合作共赢，但也注重由级部团队评价反馈教师个人的工作

① 肖川. 教师的幸福人生与专业成长[M]. 北京：新华出版社，2008：6.

② 陈丽，李希贵，等. 学校组织变革研究：校长的视角[M]. 北京：教育科学出版社，2013：112.

价值，以促进教师个体成长。

我们的级部团队赢分设定一个级部团队一个学期的量化分为1000分。先制定学校教育教学标准，再根据教育教学标准制定级部团队赢分项目，并对每个项目进行具体赋分。只要级部团队团结一致完成了所有赢分项目，就会赢得1000分。级部团队完成教育教学任务的过程，就是赢分的过程。如果某个团队某个项目没有完成，就会丢分，就赢不到1000分。

级部团队赢分，把一个团队里所有教师“捆绑”在一起，他们利益攸关，谁都不是局外人，谁也不能给团队丢分。我们以此培养全体教师的团队意识和合作精神。

一个学期结束时，各个级部团队赢得800到1000分不等。我们规定，六个年级根据赢分多少，分为A、B、C三档，按照1.1、1.0、0.9的系数分配绩效工资。最终，每位教师的团队绩效工资，称量出了他一个学期参与级部团队赢分的工作价值。

二、通过个人学术积分称量教师的专业成长价值

任何由于外来压力而获得的发展，都是被动的、消极的，甚至是教师抗拒和排斥的。只有内心生长出来的、怀有强烈动机的发展，才是主动的幸福的发展。

学校经常组织教师听报告、讲座，接受培训、进修。这些很难与教师的个性需求发生联结，他们并不喜欢强制性的发展方式。只有把专业发展活动与教师的个性发展需求和动机紧密联系起来，才能让教师产生发展动力。

我们设计了上不封顶的教师个人学术积分制度。例如，为同事做一次关于如何备好课的讲座计10分，参加一次周研究课的评课活动计8分，参与一次专家培训计6分……当参与所有和专业发展相关的学术活动都被列入个人学术积分时，当每一次学术活动都与自身发生联

系时，教师就有了专业发展的内部动力。

每学期教师个人学术积分统计出来后，位于积分榜前 20% 的教师将会在全体教师大会上受到表彰和物质奖励，其他教师的个人学术积分则处于“保密”状态，学校单独告知教师本人，包括积了多少分、排名第几，这可以为教师今后参与学术活动提供方向和发展空间。

当教师的个人学术积分与评职、晋级、评优、树先等联结起来时，个人学术积分就与他的专业发展和个人利益密切相关，于是个人学术积分就成为称量教师专业成长的标尺。

把一位教师在级部团队赢分中的工作价值和个人学术积分中的专业成长价值累加起来，就可以称量出他的发展度，也可以折射出他的人生价值。

第八章

幸福教育的学校制度建设

46 搭乘幸福动车组前行

我第一次乘坐动车从山东到北京，感到非常新奇，产生了很多联想和思考。

传统火车牵引动力在火车头，制动系统也在火车头。如果火车头出了问题，火车就会趴窝。如果一节车厢失火，需要有人穿越许多车厢跑到车头报告司机，才能制动刹车。一列传统火车的运行决定于火车头，所以有个说法叫“火车跑得快，全靠车头带”。

动车组则是完全不同的设计，其动力被均匀分布在每一节车厢，各节车厢的动力组合成一个强大的动力系统，因此动车组跑得更快、更稳。动车组每节车厢均设有制动系统，如果一节车厢发生火灾，不用告知司机，旅客就可以把车刹住。动车组的司机最重要的工作是把握方向，控制速度，让动车组按照时间节点平稳地到达目的地。

另外，传统火车空间狭窄，拥挤不堪，座位简陋。而动车组宽敞明亮，温度适宜，环境舒适，在上面可以看电视，可以给手机充电……乘坐动车组出行，生活质量明显提高。

如果把一所学校视为一列前行的火车，幸福教育必然会摒弃传统火车模式，而采用动力更强和生活质量更高的动车组模式。那么，如何借鉴动车组原理，建设一列幸福教育学校动车组呢？

一、规划明晰的办学方向和办学路径

动车组从甲地到乙地一般采用直径路线，即使转个弯，也是为了达到某个目的，如拉动当地经济发展。因此，动车组的方向明确、精准。动车组管理规范，几点开车、几点到达都有规定，每趟列车都有序地驰骋在城市之间。因此，动车组有很高的效率和效能。

幸福教育需要借鉴动车组原理，把学校的办学方向 —— 办学愿景和办学目标规划明晰，把学校的办学路径 —— 办学战略和办学策略规划明白，让学校沿着正确的办学方向在正确的道路上奔跑。假以时日，就会达成办学目标，办出优质的幸福教育。

二、建立分布式动力系统和制动系统

动车组的动力系统分布在每一节车厢上，当所有车厢的动力合成一体时，动车组就会达到每小时 300 公里以上的时速。动车组高速运行十分安全，因为各节车厢都有制动系统，一旦发生紧急、危险事故，每节车厢都可以采取制动措施，以确保车辆和乘客安全。

幸福教育学校要实现快速、优质地发展，不能仅凭校长和其他管理者的火车头牵引作用，还要让每个年级成为一节车厢，给它搭载动力系统和制动系统，使它能够安全、有效地运行。当每个年级自带动力和制动力的时候，由不同年级组成的学校就会像动车组一样有序、有效地运行起来。每个年级的动力合在一起，就构成全校强劲的总动力，学校就会充满活力和动能。

三、通过优化课程、再造学程不断提高学生的幸福生活质量

长途旅行乘坐飞机很好，但乘坐飞机需要等待很长时间，而且过安检等非常麻烦，上飞机后得尽量待在座位上，不能随意活动，没

有什么空间和自由。同样的路程，人们更愿意搭乘动车组，因为动车组便捷、舒适，拥有更好的生活环境和条件，能够满足人们吃喝、如厕、活动、上网等需求。

学生就是搭乘我们学校动车组的乘客，是我们服务的对象。我们要提供优厚的条件，确保乘客安全抵达目的地，在行驶过程中还要提供一流的服务，满足他们的个性化需求，使他们一路幸福成长。学校向学生提供的服务就是课程和学程，学生就是通过课程和学程而获得幸福成长的。

优秀事物背后的逻辑是相通的。我们可以借鉴动车组原理，构建一列动力饱满的幸福教育列车。

47 如何为幸福教育动车组铺设一条有序有效的轨道

2019 年春天，我和玉泉小学部分教师到山东省潍坊市开展六年级学生的“离校课程”。路上一位老教师问我：“当年您来到玉泉小学，带领大家讨论学校九年发展目标的时候，我们的感觉是新来的校长画了一张饼给大家充饥，我们怀疑能否实现那么远的规划。然而，这九年一步一步走来，我们真实地感受到当初规划的目标实现了。我们很奇怪：您当初是怎么知道九年以后的事情的？”

我笑了，对他说：“这是基于长期办学经验规划的，是按照学校发展规律和社会发展的期许，设计出学校未来的发展目标。只要方向正确，再动员全体教师一齐努力，坚持不懈，一步一步落实到位，就会达成战略目标。”

我们是如何为幸福教育动车组铺设轨道，使其精准地从现在抵达未来的呢?

一、确定学校发展愿景，落实学校发展方向

学校发展愿景，就是学校最终要实现的美好愿望。学校发展愿景决定了办学方向，决定了办学目标，也决定了办学路径。更重要的是，学校发展愿景是凝聚全体教师和家长的力量，使他们达成共识、形成一致追求的黏合剂。只要大家有对学校发展愿景的向往和追求，就能建立家校共同的理想，使家校拥有共同的话语体系，采取共同的策略，达成办学目标。

我从山东到北京担任校长，用了近一个学期的时间梳理学校的历史发展脉络，提取办学成功的要素，立足当下的现实，进行利弊分析，面向未来，提出九年发展愿景、办学目标、战略规划和办学路径。站在新的发展起点，在传承学校优秀传统的基础上，重构面向未来的学校发展，我们提出，学校的发展愿景是建设一所伟大的学校。

有人问："何以敢用'伟大'一词？"学校由罗荣桓元帅创办，曾是部队子弟小学，属于红色学校，出身伟大；在这所学校里，教师爱每一个孩子，是孩子们生命的引领者，他们将自己的汗水和心血奉献给民族的未来，这样的教师就是伟大的教师；从这所学校走出去的每一个孩子，怀揣一颗善良、正直的心，扎扎实实且充满智慧地做事情，将来不论从事何种职业，都将是既普通而又伟大的人物。

我们认为，有这样伟大的建校者、伟大的教师和伟大的学子的学校，就是一所伟大的学校。于是，学校的一切都围绕这个发展愿景展开和延伸。

二、制定战略规划，落实学校发展愿景

学校发展有一定的连续性和稳定性，战略规划要基于学校的实际和社会的发展而制定。

我们制定了 2011 — 2020 九年发展战略，并规定每三年为一个发展周期。

第一个三年是重要的"爬坡期"。通过不懈的努力和坚持，学校的办学走向规范，管理走向科学，教学质量得到提升，教师体验到职业幸福，学生走在个性化发展的道路上，学校实现"冲出低谷，爬上高坡，成为一所区域特色校"的发展目标，从一般走向优良。

第二个三年是持续的"发展期"。通过继续努力和重点发展，学校初步形成特色文化、特色管理、特色师资、特色课程、特色教学、特色设施，初步实现"北京鲜明特色校"的奋斗目标，从优良走向优秀。

第三个三年是发展的“跨越期”。通过持续努力和创新发展，学校突破优质学校临界点，逐步进入优质的办学境地，形成一流的文化、一流的治理、一流的管理、一流的师资、一流的课程、一流的学程、一流的设施、一流的质量、一流的学生，实现“北京名校”的奋斗目标，从优秀走向优质。

2020 年，玉泉小学被评为北京市海淀区首批新优质学校，受到家门口老百姓的高度认可和社会各界的充分肯定。这标志着学校九年发展战略规划目标的完成。

三、制订年度工作计划，落实战略规划

九年发展战略规划制定后，要分解到每个学年，每个学年定位清楚、目标精准、主题鲜明，并制订年度工作计划。通过连续九年的年度主题可以窥见玉泉小学每个学年的发展重点。

2011 — 2012 学年为“纲要年”：学习和实施《玉泉小学发展纲要》，将学校纳入规范发展和治理体系，上位设计，整体推进，分步实施。

2012 — 2013 学年为“变轨年”：重构幸福教育课程体系，推进课程由低向高“变轨”，实现学校的快速、均衡、全面发展。

2013 — 2014 学年为“评价年”：将学校的全部工作纳入评价，让评价成为学校发展的目标和动力机制，推进学校发展。

2014 — 2015 学年为“解构年”：解构已固化的教育教学和管理模式，重构幸福教育理念下的办学思想和实践行为。

2015 — 2016 学年为“品质年”：一切工作基于品质，一切工作追求品质，办有品质的学校，实现学校的高品质发展。

2016 — 2017 学年为“突破年”：学校进入高原期，要突破自己，突破管理，突破课程和教学，突破学校发展的瓶颈。

2017 — 2018 学年为“跨界年”：进入新时代，个人跨界，课程跨

界，学科跨界，教学手段跨界，学校跨界，实现办学内外的融合和融通。

2018—2019学年为“学程年”：以学习者为中心，聚焦课堂教学，寻找有效的教学路径，提升教师的专业素质，进一步提高学校的教学质量。

2019—2020学年为“争创年”：学校达到一定的高度，需要实现“临门一脚”的突破。

四、制定学期工作要点，落实年度工作计划

随着时代的进步，每年我国都会发生重大变化。学校应该顺势而为，适应社会发展的变化。有了年度工作计划，还要在暑假和寒假期间根据教育态势和社会情形制定更加具体、可操作的学期工作要点来落实年度工作计划。学期工作要点包括指导思想、目标、工作版块。每个版块要有项目、内容、人员、时间、措施、方法、流程、结果、评估、奖惩等要素。

五、制订周工作计划，落实学期工作要点

每个学期的工作要点，需要分解后落实到每周、每天，这就需要根据时局和校情变化构建每周要落实的任务。玉泉小学通过办公会确定周工作计划，其中包括上周工作总结、督查落实、问题提取、解决方案、一周工作安排和部署。

按照“学校发展愿景→九年发展战略→三年发展规划→年度工作计划→学期工作要点→周工作计划”层层推进，由此铺设一条从现在到未来的学校发展轨道。

然后，沿着这条轨道反方向运行，即从周工作计划开始，沿着“周工作计划→学期工作要点→年度工作计划→三年发展规划→九年发展战略→学校发展愿景”的路径不断推进，最终实现幸福教育办学愿景。

48 建构保障师生幸福的学校治理结构

盖一栋房子，如果立柱、檩条等有缺陷，房子结构就会出问题，一有风吹草动，房子可能就会坍塌。住在这样的房子里的人会有怎样的感受？一定会缺乏安全感。一个人如果天天惴惴不安，就没有幸福感。

学校就像一栋房子，只有搭建起能够支撑师生幸福生活的治理结构，住在学校这栋房子里的人才会拥有安全感、依恋感，才能享受到幸福感。

基于学校变革的需要，我们借鉴企业管理，设计了“引领系统→决策系统→执行系统→评价反馈系统→……”的学校治理结构，建立起适应新时代要求、支撑师生幸福生活的现代学校制度。

一、引领系统：确保学校办学方向的正确性

引领系统就是学校的党组织。把学校的党组织置于学校治理结构的引领和保证地位。一方面，充分发挥党组织的政治核心作用，确保党和国家的教育方针在学校得到贯彻落实，从而确保学校正确的办学方向。学校的重大决策和重要事项首先必须提交学校党组织研究、讨论、通过，使党组织在学校规划、理念文化、管理者和教师任用、财务预决算、廉政建设、师德师风建设、评价奖惩等方面起引领、决定和保证作用。另一方面，充分发挥党组织的战斗堡垒作用。根据学校党员人数把党支部建立在校区、级部，一名党员教师就是一面旗帜，发挥党员教师的带头和示范作用，形成风清气正的良好校风。

二、决策系统：确保学校决策的民主性和公平性

决策系统就是学校的决策机构，由教师决策团和教师代表大会构成。坚决走民主决策程序，让全体教师成为学校的决策者。在决策流程上，首先由校务委员会提出决策议案，然后按照议案的重要层级，分别提交教师决策团和教师代表大会进行投票，投票率低于 70% 的议案退回再议。民主决策程序把学校重大事项的最终决策权交给教师集体，确保学校出台的任何方案都是代表政府与学校的校务委员会和代表教师利益的教师决策团与教师代表大会通过良性互动达成的共识。这既突出了教师的主体地位，又发挥了教师的重要作用，也确保了学校决策的民主性、公平性、科学性、公开性等。这样的决策机制既能落实上级的政策和规定，又能得到教师集体的拥护和支持，从而确保学校决策的公平、公正。

三、执行系统：确保学校决策有序、有效的落实

执行系统就是学校的管理部门和落实实体。我们围绕课程与学程，以儿童为中心，以效能为核心，建立起分布式、扁平化的学校管理体制。学校横向设置三个课程研发、管理部门和三个课程资源支持、监督部门；纵向按照年级设立一至六年级六个级部，实行学校、级部两级管理体制。在运行上，设立六个学科学术委员会，实行行政和学术相分离的管理与评价系统，让行政和学术两条线并行，确保学术研究的独立性和完整性。决策系统发布决策事项，行政和学术执行系统分别将决策事项落实到级部，提高决策的执行效能，规避行政管理对学术研究的干扰和冲击。学校层面重在引领与评价，级部层面重在管理与运行，他们各负其责，边界清晰。

四、评价反馈系统：确保学校及时掌握决策执行、落实情况

评价反馈系统由学校督导评价部负责牵头。督导评价部不是评价主体，而是评价的策划者、组织者和落实者。为保证评价的中立性、客观性和有效性，督导评价部汇集上级督导部门、学校内部、社会第三方、教师、家长、学生、社区居民和来自全国各地的参访者等不同层面的评价，及时、持续对决策事项的执行、落实情况进行综合性诊断和监测，得出结论，提取经验，发现问题，然后向决策系统反馈。决策系统根据反馈结果修正决策，执行系统做出相应的调整，以提高决策、执行的效能与质量。

幸福教育的学校治理结构是一个“引领系统 → 决策系统 → 执行系统 → 评价反馈系统 → ……”的稳定、螺旋式上升的框架。只有为学校设计这样的治理结构，才能确保学校发展的稳定性、连续性和有效性，才能确保学校沿着正确的办学方向前进，从而支撑起师生的幸福生活。

49 以课程为中心重构学校组织结构

学校是如何出现的？政府或开发商在某小区建设一座新的校舍，然后教育部门任命一位校长，并开始招聘教师，购买教学设施、设备，购进教材、教辅等材料，开始招生……这种传统学校组建流程，必然导致以人、财、物为中心构建组织结构，如办公室、教学处、德育处、体卫处、电教处、总务处等。

我们发现，传统学校里几乎没有课程的位置。其实，学校是通过课程这一媒介来培养学生的。学校以儿童为中心，实际上就是以课程为中心。

如果以课程为中心构建学校组织结构，实际上就是以儿童为中心重新审视学校的管理和运行。

我们学校原来有一个部门叫总务处，为适应学校课程建设，先将其改名为“后勤服务部”，试图把被动配置资源转变为主动为课程提供服务。随着学校课程建设的全面开展，虽然资源服务跟上来了，但没有对课程变革的需求做出快速反应。于是，我们把后勤服务部改为“课程服务部”，进一步将其职能调整为“为课程服务”。随着课程的深化实施，需要配置更加丰富的课程资源，但课程服务部缺乏课程资源配置意识，又与学校其他部门的课程服务职能出现交叉、重叠现象，于是我们又将其改名为“课程资源部”。课程资源部整合学校所有课程资源，围绕课程实施运行并开展工作。

十年来从“总务处 → 后勤服务部 → 课程服务部 → 课程资源部”的演化，可以看出学校聚焦课程的设计、研发、实施、评价后，组织结构必须相应做出调整，以适应课程落地和儿童发展的需要。

幸福教育学校组织结构分为两大类。一类是课程设计、实施和评价部门。他们指向儿童的幸福成长，包括：国家课程部，负责国家规定的四大领域基础类课程；适性课程部，负责学生个性化发展的拓展类课程；主题课程部，负责围绕教育主题并联合家庭开展的实践类课程。另一类是课程资源的支持、配置、监控部门。他们围绕课程进行各类资源配置，指向课程服务，包括：人力资源部，负责人力和财力资源的配置、开发和监控；课程资源部，负责有形物（设施设备等）和无形物（调度、运行、文化、宣传等）等资源的调度、配置、保障和督查；督导评价部，负责对课程实施主体落实情况的评价和奖惩。

要建设以儿童为本位的幸福教育学校，就要转换以人、财、物为中心的传统学校组织结构，构建以课程为中心的现代学校组织结构，指向儿童的幸福成长。

50 契约制度与教师幸福感

我在教育机关工作的时候，经常被派去学校检查工作。学校的相关制度是一项检查指标。譬如，进行安全检查时，学校要准备全面的安全制度文本，以供检查者翻阅。其实大家心里都明白，有些制度只是为了迎接上级检查而准备的，至于是不是与学校里的师生发生关联，能不能推动学校发展则没人去管。

制度往往规定了应该做什么、如何做、做到什么程度。学校的制度如果没有与教师的工作联结起来，没有与教师的个人利益挂起钩来，就发挥不了作用。学校的制度如果不能变成教师教育教学和管理行为的指南，就没有实际价值。

那么，如何让制度成为校园的守护神？

一、确保学校制度的全面性和规范性

要围绕学校运行规律和教育教学的特点，制定覆盖学校各个方面的制度，确保人人、时时、事事处于制度的控制范围内。

《幸福教育契约制度手册》包括学校治理制度（如教师代表大会制度、级部制制度、校务会制度等）、学校运行制度（如劳动纪律制度、级部联查制度、执勤值守制度等）、师资队伍建设制度（如教师职业发展规划制度、教师职务晋升制度、教师退出制度等）、课程与学程制度（如课程设计体系、教研教学规范、教学事故追查制度等）、学生发展制度（学生奖励制度、学生追星制度、学生评选制度等）、家校合育制度（家长进校园制度、家长会议制度、家长培训制度等）、评价制度（教师考核制度、教学质量评价制度、团队赢分制度等）、课程资源支持制度（设施设备管理制度、损坏公物赔偿制度、办公用品采购制度等）、教师奖惩制度（教师奖励制度、优秀教师评选制度、教师惩戒制度等）等十大类约一百项制度。

学校某个组织或教师开展工作或处理问题时，应该如何做、做到什么程度，不用问校长，也不用问其他管理者，而是拿出《幸福教育契约制度手册》，依照上面的规定去做就行。而要做到这一点，就要确保学校制度的全面性和规范性。

二、保持学校制度的契约性和权威性

学校制度不能由学校一方或教师集体一方说了算，必须由双方“契约化”。每一项制度出台前，都要先经过校务委员会充分讨论，形成初稿，然后提交全体教师征求意见和建议，最后提交教师决策团或教师代表大会通过。制度一旦通过，就必须严格执行，任何个人都无权更改。如果情况有变，制度需要修订，则仍由校务委员会提出修订方案，按照程序提交教师决策团或教师代表大会通过。

学校里不论是谁，都没有大于制度的权力。如果学校某部门出台的规定或要求与学校制度相抵触，那么我们就毫不犹豫地予以废止，以维护学校制度的权威性。

三、保证学校制度的动态性和普及性

上级的政策是变化的，教育发展也是动态的，因此学校制度必须是动态的。一是要不断对已经成型的学校制度进行修订。这既是形势变化、政策变化的需要，也是建设公平校园的要求。制度修订的起因往往是一线教师提出呼吁和诉求，学校则及时响应。譬如，教师职称评审制度、教师工资晋级制度、教师考核制度、优秀教师评选制度等涉及教师切身利益的制度，几乎每年都要进行修订，以真正发挥制度的导向作用。

学校和教师在制定制度时，有些教师代表认为这项制度不涉及自己的切身利益，就不愿去思考、研究其内涵，结果一旦违反这项制度，受到它的限制或制约，就会牢骚满腹，抱怨不已。因此，要让教师学习制度，了解制度，自觉执行制度，这样才能避免违反制度，从而让制度保证教师幸福地工作。

为了让学校制度落实到位，我们在学期初确定制度学习的范围，让老师们自学一个学期，在学期结束放假的前一天，举行全校教师的开卷考试。通过这样的自学自悟过程，强化教师对学校制度的理解和掌握，实现制度的普及。

契约制度是民主治校的重要保证。契约制度可以让全体教师从内心接纳，并将其作为开展教育教学的依据和保障。让教师通过契约的方式成为校园的主人，从而落实教师的主体地位，让教师拥有价值感和幸福感。

51 用教育教学标准成就幸福校园

著名管理学家泰勒把科学管理引入管理实践，用科学研究和科学方法代替个人经验，使传统管理中的感性管理上升为理性管理。当经验提取上升为理性思考的时候，经验就会演化成标准。①标准化管理成为 20 世纪提高工业化效率最重要的管理方法。

学校虽然是一个特殊的组织，但是其作为组织的基本属性没有消失。如何建设幸福校园？我们的答案是，首先要建设教育教学标准。标准会极大地影响学校在起始阶段的能力与潜在绩效。②没有标准的管理是随意的、碎片化的，因而往往是无序、无效的管理。在无序、无效的管理环境中，教师是很难获得幸福感的。

一、让教育教学标准成为学校工作的引领

要想使学校管理上升到科学管理的层次，就必须建立管理标准，而不能依靠人治和经验。学校管理者和教师在制订工作计划、实施项目的过程中，要以教育教学标准作为“对标物”。正是因为教育教学标准的存在，教育工作者才知道什么可为、可为到什么程度、什么不可为。例如，教师备课，不能照搬照抄已有教案、教辅资料，更不能

① 泰勒. 科学管理原理[M]. 马风才，译. 北京：机械工业出版社，2021.

② 霍伊，米斯克尔. 教育管理学：理论·研究·实践：第7版[M]. 范国睿，主译. 北京：教育科学出版社，2007.

原封不动地拷贝网络资源，而必须按照备课标准去研究课程标准，吃透教材，厘清重点、难点和疑惑点，分析学情，写出有针对性的、详细的、可操作的教案。一位教师的教案，必须经过教研室主任的审核、把关，审核、把关的依据就是备课标准；再经过全校“晒教案、评教案、奖教案”（开学前将全体教师的所有教案按照学科、年级摆放在一起，并进行对比、评价）的历练，评价的依据也是备课标准。经过这样推敲和打磨的教案，可以称得上是一份基于标准的、完整的、有效的教案。

二、让教育教学标准成为教师开展工作的指南

我们说“遵循教育教学规律，尊重儿童发展规律”，如果没有细化的教育教学标准，就会失去遵循和尊重的参照物。我们常说“某某老师管理班级不规范”“某某老师自作主张惹出了麻烦”，实际上说的是这位老师带班、治班没有什么章法，没有依据标准，任性而为，结果引起学生的反感和家长的反对。我们开展教育教学工作必须有章可依，有规可循。例如，评选“三好学生”，如果没有标准可依，班主任就可能通过各种方式导向某几个好学生，甚至滥用权力，违反民主、公平原则，破坏教育生态，引发家长的不满。

三、让教育教学标准成为教育教学评价的依据

学校工作有一定的弹性，譬如，每个学科、每位教师的课时工作量。如果有一个工作量标准，再去测量工作量，就很容易测量出来。教学评价常常引起教师不满，往往是因为评价依据太主观。因此，我们做教育教学评价，必须基于一定的教育教学标准，以这个标准为依据。这样，评价才会客观、公正，大家才会信服。

四、让教育教学标准促进学校精细化管理

学校里没有什么轰轰烈烈的大事，把影响儿童一生幸福的点滴小事做到位就可以了。我们面对的是儿童，他们没有自我保护能力，没有达到成人的道德水平，因此校园管理越精细越好。校园里每一件小事、每一个环节、每一个空间、每一个时段、每一个流程，都要有人管。譬如，学校里的卫生间具有一定的隐蔽性，容易被管理者忽视，而许多欺凌行为、恶作剧事件发生在卫生间里。因此，要制定卫生间管理标准，例如，课间卫生间必须有教师值守，有学生执勤，每次如厕的学生必须按照地上的划线间隔排队依次进入，同时进去的学生不能超过五个，出来一个，再进去一个，确保有序、文明、安全如厕，防止发生意外事件，让学生养成良好的如厕习惯。

科学管理的核心之一是“标准化”。要提升学校的管理水平，确保秩序与安全、质量与效能，就要制定并落实教育教学标准。只有这样，教师才能淡定而为、有序做事，学校才能科学运行、公平合理，教师也才能拥有较高的幸福度。

第九章

幸福教育的校园管理机制

52 建设幸福校园的关键是机制

小时候我是在人民公社度过的，对生产队“大集体”有着深刻的记忆：天天以地瓜干果腹，到春夏之交、青黄不接的季节，连地瓜干都不够吃。

1978 年改革开放后生产队“大集体”开始解体，把土地承包到每个家庭，由此农民开始吃饱肚子，还吃上了白面馒头。

这种变化引起我深深的反思：同样一片天，同样一块地，同样一群人，为什么生产队“大集体”时期大家就挨饿，而土地承包到家庭之后就能吃饱、吃好？

显然，吃饱、吃好与天、地、人无关，而与看不见的“推手”——机制有关。

“大集体”属于“大锅饭”模式，口粮是按照人头分配的，与一个家庭干与不干、干多与干少无关。例如，一个青年劳动力再能干，再流汗，得到的口粮与其他人一样多。当个人的劳动价值得不到体现的时候，就会慢慢出现“出工不出力”的问题。当生产队所有劳动力都“出工不出力”的时候，显然就收获不到粮食，就人人挨饿。

而“家庭联产承包责任制”则将劳动变成了人们自己的事——生产劳动与个人利益高度结合起来。此时，人们若还是偷懒，自家的土地就只能是一片荒芜，甚至颗粒无收，那就只能等着挨饿。一家人只有好好地干，努力地干，才能迎来丰收，才能不饿肚皮；如果加倍努力，还可发家致富。这样，未来的生活才有希望，家庭才能幸福。

让大家干还是不干的“推手”不是人的“觉悟”，而是机制设计。这样的事例很多，改革开放后农业、工业、服务业快速发展，就是转换机制、市场竞争的结果。

社会主义市场经济告诉我们，放开哪个行业，哪个行业就活起来。学校虽然不属于市场范围，但道理是一样的。

我先后在政府、企业举办的不同类型的学校工作过，对学校管理体制和运行机制有深刻的认知与感受。不论是公办学校、企业举办的学校还是民办学校，如果没有建立有效的“推手”——机制，教师的热情就难以被激发出来，办学活力不足、教学质量不高就成为必然。因为学校如果没有机制的推动，就会陷入“大锅饭”模式；教师如果得不到合理、有效的激励，实现不了人生价值，就没有存在感、主体感和幸福感，就没有积极性、主动性和创造性。

机制包含四个要素：一是事物变化的内在原因和规律，二是外部因素的作用方式，三是外部因素对事物变化的影响，四是事物变化的表现形态。

我们在研究机制的时候，既要重视对事物变化内在规律的研究，又要充分考虑外部施加的人为因素可能产生的影响和后果。对高成就需要者来说，努力与个人目标之间直接相关。只要他们从事的工作能够提供责任感、信息反馈、中等程度的冒险，他们就会产生完成工作的内部驱动力。他们会经常将自己的努力（付出）与得到的奖励（所得）比率与相关人的比率进行对比，若感到二者不平等，将会影响到个体的努力程度。①

幸福教育学校要基于幸福教育的理念与文化，遵循以人为本的原则，在校园民主、自由、公平的前提下建构让每位教师释放潜能、充

---

① 罗宾斯，库尔特. 管理学：第9版[M]. 孙健敏，黄卫伟，王凤彬，等译. 北京：中国人民大学出版社，2008.

满激情、尽情展现人生价值的机制，充分调动全体教师教书育人的积极性、主动性和创造性，让他们追求幸福的教育生活，拥有饱满的职业幸福感，促进学校不断向前发展。

53 以民主方式破解机制之难

有一年学校调入一位教师，他试讲还不错，没想到入职后却接到了家长的投诉。我们发现，这位教师讲课不错，但是课堂管理能力有些问题。因为不能有效地组织课堂教学，管控课堂纪律，教学质量就没法保证。这实际上也属于不胜任教学工作。然而，在体制内的学校，即使一位教师不能胜任教育教学工作，甚至到了误人子弟的程度，只要他不违反法律、法规，学校就无权解聘他。

一次我到某省支教，一位校长问我："个别教师教学一塌糊涂，家长天天投诉，学校诫勉谈话都不管用。后来隔三差五连班也不上了。他不来上班，学校连工资都不能扣发——按照现行工资制度，财政局把钱直接打给他。面对这样的教师，您说该怎么办？"

我说："个人的工作业绩必须与他的利益连接起来，否则谁愿意多干、干好？学校虽然无力改革现行工资制度，但可以制定政策，根据考核的工作业绩决定教师是否晋升职称。如果教师再选择'躺平'，就不能晋升职称，就会影响退休工资。"

这位校长笑了笑说："您这办法在我们这里是没用的。上级部门为了鼓励农村教师安心从教，规定农村学校教师晋升高级职称不受名额限制；到了年限，职称就会自然晋升，与教师的工作业绩没有关系。"

我挠了挠头：真的没有什么好办法制约这样的教师。

当然，绝大部分教师还是富有情怀、任劳任怨的，这样"躺平"的教师是个别的、特殊的。在一个组织中，如果出现一个这样的人，就会有更多人冒出来。人性就是这样：别人吊儿郎当的都和我拿一样多的钱，我凭什么要拼死拼活地工作？

显然，如果机制出了问题，学校就会失去发展动能，最终陷入僵化境地而裹足不前。

所以，我们在设计和运行组织机制的过程中，必须以人性为出发点。人性研究专家王海明从心理学和伦理学两个角度把人性分为质与量、体与用。“人性的质完全是生而固有、一成不变的，是普遍的、必然的、不能自由选择的；而人性的量，在一定限度内，则可以是后天习得、不断变化的，是特殊的、偶然的、可以自由选择的。”人性的质是人性的“体”，人性的量是人性的“用”。人性的质是通过人性的量表现出来的，“这样一来，人性便是‘体’与‘用’的统一体”。①

幸福教育是人学，是人性之学。要突破体制性、政策性的困局，就必须从人性出发再造一种富有动能的机制，就必须让教师拥有幸福生活。

然而，囿于学校长期的固化结构和不同的利益诉求，要转换机制，就要伤筋动骨，触及某些人的利益，难免就会出现一些矛盾和问题。怎么办？幸福教育应该以民主的方式破解这一难题。

应从追求学校的发展愿景开始，从教师的整体利益出发，基于学校的文化，通过各种方式动员全体教师投身于体制改革、机制转换的讨论、研究和行动中。当全体教师达成发展共识时，就为机制转换提供了前提。在符合国家政策的前提下，应把难以触动的僵化机制转化为按全体教师的意志形成相关决议案，提交教师代表大会通过，用民主的方式实现新旧动能的转换。例如，我们学校教师代表大会通过了不合格教师有尊严地退出学校的制度、长休人员工资发放办法等多个

① 王海明. 人性论[M]. 北京：商务印书馆，2005：14，15.

破解“大锅饭”“铁饭碗”的制度，对制约学校发展的僵化机制逐步进行变革和转换，释放教师的干劲和热情，促进学校快速、优质地发展。这样全体教师就能发挥自己的潜能和特长，实现人生价值，收获职业幸福感。

从人性出发的民主治理方式，是破解机制之难的最佳路径。

54 向指向校园幸福的管理模式转换

进入新时代，在民主化、法治化、信息化浪潮中，社会治理结构发生了巨大变化，这种变化也会影响学校。我认为，今天学校管理面临新的挑战。

一是单打独斗的时代已经结束，合作共赢的时代已经到来。今天仅凭校长和几个骨干教师猛冲猛打，已经很难办出优质教育。必须把全体教师动员、组织起来，使人人成为校园的领导者、校园的主人，成为校园的利益攸关方，这样才能众人拾柴火焰高，真正把学校办好。这还不够，还必须和家长合作，把家长拉进校园作为教育伙伴，实现家校合育，形成教育合力，达成办学目标。

二是高压专制的时代已经结束，民主、对话、协商的时代已经到来。不论是国家对学校治理结构的安排，还是民主意识的高涨，抑或是诉求的多元化，都要求实行民主治校，共商大计，凝聚人心和意志，共同把学校办好。在涉及师生、家长切身利益的重大问题上，学校要充分考虑各个利益群体的诉求，找准平衡点，进行协商、对话，达成共识。当一些具体利益不好处理时，让利益相关方进行协商，存在争议的搁置一段时间再讨论，再协商，甚至大家相互妥协。学会妥协也是凝聚共识、化解难题的工作艺术。

三是英雄校长的时代已经结束，全体教师领导力的时代已经到来。从某种意义上说，一位好校长就是一所好学校。校长优秀、卓越，不是说校长个人能力有多强大，而是说校长能够通过组织结构调整、机制重构，让全体教师承担起办学的责任，充分发挥作用，培养全体教师的领导力。

今天办学不再是校长一个人的事业，教师、学生、家长、社区居民、周边单位等都是办学的“合伙人”。只有使他们团结在一起投入教育事业，才能取得办学的成功。

《学习游戏》的作者乔纳森·史密斯说：如果校长、教师和学生都认为他们是同一条船上的，那么这所学校就是一所快乐的学校。[①]

幸福教育追求让全体教师成为办学主体、成为校园主人的理念。然而，每一位教师都是独立的个体，都有自己的岗位，他们往往认为自己的工作只与自己所教的学科、所负责的班级管理等高度相关，而对学校全局性的工作则不关心，因为他们认为办好学校是校长的事，与自己并没有直接的关系。

如何使办好学校与全体教师紧密联系起来，成为他们积极关注并参与的事业？这就需要按照“共建、共治、共享”的要求，把办学效益、成果与全校每位教师联系起来，把学校的事业与每位教师的切身利益联系起来。例如，我们学校在级部双选中规定，一位教师选择某个岗位后，还要基于自己的特长和优势选择一个社会性岗位，如负责一个年级的纪律，负责一个年级的卫生等。社会性岗位不仅可以让一位教师教好自己的课、带好自己的班，还可以让他把视角转向年级和学校。当把学校的办学成绩与教师的绩效考核结合起来时，人人都能成为管理者。

我们知道，管理别人比被别人管理更难。当让每一位教师去学习管理别人的时候，学校的利益就变成教师自己的利益，全体教师领导力的时代就会到来。

当每一位教师都成为学校管理者的时候，就需要提升全体教师的

① 科茨. 一校之长的坚守：关于学校管理的11堂课[M]. 邱雯佳，译. 哈尔滨：黑龙江教育出版社，2017.

管理能力和水平，就需要给全体教师提供管理工具和方法。例如，对每一个项目，我们都要求按照“文化→制度→流程→评价→奖惩”的结构落实。在文化方面要考虑：如何将这个项目置于学校文化背景下去落实？在制度方面要考虑：落实这个项目的规定、要求和指向是什么？在流程方面要考虑：把这个项目落实的指向过程设计成方案流程，一步一步地做下去。在评价方面要考虑：进行即时性和过程性评价，时刻跟踪这个项目的落实情况，并要求负责者提供落实的证据。在奖惩方面要考虑：公开这个项目的落实进度和效度，根据任务结束时的终结性评价，提出奖惩意见或方案。

IBM（国际商业机器公司）创始人托马斯·沃森说，自始至终把人放在第一位，尊重员工是成功的关键。在幸福教育学校，校长和其他管理者是行走在教师群体中的人。只有每一位教师都成为幸福教育的创建者、实施者、享受者，幸福教育才能实现。

55 好的运行机制让师生更具幸福感

为了推进区域教育均衡发展，各地涌现出很多集团化学校。集团化办学会带来这样一个问题：随着校区的增多、管理幅度的增大，精细化管理的难度会提高。玉泉小学有四个校区、3400多名师生员工，要做到精细化管理，让师生感受到校园生活的幸福，就必须研究如何让学校有序、有效、有趣地运转。

国家提出了区域“管、办、评”办学机制，目的是构建新型责权利关系，形成相互制约、共同促进、有效提升、有序发展的教育运行机制。学校也可借鉴这一思路，建立学校内部“办、管、评”分离运行机制。

我们提出的学校内部“办、管、评”分离运行机制是指学校办学，级部管理，社会第三方评价。

一、“办”，即学校统一办学

学校作为教育行政的终端，要体现国家的教育理念和意志，要全面贯彻国家的教育政策、法规。学校办学体现在三个方面：一是制定学校发展愿景、战略和目标，建构学校理念与文化；二是制定并落实可以保证办学目标达成的学校治理结构、制度体系和运行机制；三是通过评价奖惩系统保障战略规划、年度工作计划、学期工作要点和周工作计划落地。

二、“管”，即实行级部管理

学校把学年工作目标和教育教学任务通过契约的方式传达给级部，由级部来落实。这就需要形成级部团队的合力。而要形成级部团队的合力，级部的组织结构就非常关键。每个学年通过双选重新产生一个级部，新的级部组建后，按照学校教育教学标准负责日常管理工作。通过教师的社会性岗位工作，提升教师的领导力，让全体教师成为学校发展的主体。学校则基于教育教学标准每月对级部进行团队赢分评价，根据团队赢分等级进行奖励，促进级部的精细化管理和运行。只有推进级部自治，把日常管理工作放到教育教学一线，才能确保学校整体有序、有效地运行。

三、“评”，即引入社会第三方进行评价

传统学校往往集教练员、运动员和裁判员于一身，自己安排工作，自己组织工作，自己评价工作。作为体制中人，学校管理者和教师是同事，学校的各类考核和评价常常流于形式，因为抹不开面子，不愿得罪人，大家每年轮流当先进。实际上，在一个熟人圈子里，特别是公办体制内，客观、真实地评价是一件很难的事。而学校通过购买社会第三方的服务进行评价，就可以破解这一难题。因为评价是购买的，第三方就必须保持客观、中立、科学、公正的态度，按照教育教学标准进行评价，不存在人情分、关系分，也不会出现故意贬低、损伤他人的情况，否则会因违约被学校扣费，甚至解除合作协议。

如何发挥好第三方的评价作用？第三方的评价必须是基于教育教学标准、通过帮扶教师促进团队合作与发展的柔性评价。

首先，第三方根据学校的教育教学标准、与级部的学年契约发展目标和学校的年度工作计划，拟定对级部的评价体系和评价方案。第三方的评价方案必须与学校实际和学年契约发展目标高度一致，这样

才具有引领性、指导性、可操作性、实效性。

其次，第三方带着评价方案进入级部，促进级部按照学校的教育教学标准、学年契约发展目标和学校的年度工作计划开展工作。开学初，第三方向级部全体教师宣讲评价指标、评价标准、评价内容、评价方式等，让全体教师知道评价什么、导向什么、如何按照标准做到位。学期中，第三方走进级部，按照评价方案对照级部的工作进行初步诊断，发现问题，梳理问题清单，向全体教师反馈，组织教师进行反思，并提供帮助改进工作。学期末，第三方按照评价方案进行全面诊断和评价，不打人情分、面子分、照顾分，把实实在在的评价结果提交给学校。

最后，学校依据奖励方案，按照第三方的评价结果，拉开档次奖励每个级部团队。

学校内部的“办、管、评”分离运行机制，有效地破解了学校运行过程中存在的诸多问题和弊端，让每位教师的工作态度、师德和工作业绩得到客观、公正、全面的体现，使他们收获了存在感、尊严感和幸福感。

56 推动级部自治

在幸福教育倡导的分布式、扁平化现代学校管理体制和机制运行中，学校管理工作的重心落到级部，大量繁杂、棘手的问题留在级部。因此，推动级部自治就成为重要工作。

在体制里，人们试图少干点儿活，多拿点儿钱，是大家心照不宣的样态。刚开始几年组织级部双选时，谁都不愿意被“海选”上级部主任，因为担任级部主任不仅劳累，还出力不讨好，容易与同事发生矛盾和冲突。即使学校不断提高级部主任的职务补贴和各种待遇，大家宁肯不要钱，也不愿意做级部主任。我们的级部自治经历了一个十分艰难的过程。经过大浪淘沙，级部主任人选才逐步被教师团队认可并固定下来。

有一年，经过大家投票，某位教师当选某级部主任，但她当场就哭了起来，后来找到我，强烈要求不干。我笑着劝慰她：“您看，您是被大家选上的，能说不干就不干了？这是民主的意志和力量，不是校长说了算的事。”有副校长私下劝我：“她连个组长都没有当过，能当好级部主任吗？趁早换了吧。”我说：“不能破坏双选制度，必须尊重全体教师的选择。不用担心，天不会塌下来的。”这位教师非常艰难地干了一年，其间因为工作安排几次与其他教师发生矛盾，曾偷偷地哭过，但最终还是咬牙坚持下来。

这一年级部主任的经历对她意味着什么？对其他教师又意味着什么？推动级部自治不仅是一种组织变革的方式，还是促进全体教师职业觉醒、提升站位、形成领导力的重要举措。

一、级部主任是级部全体教师民主推举的结果，不采用学校任命或聘任的办法

有些学校的年级负责人一般由副校长或中层管理者兼任，或者由学校直接任命。用这种方式产生的年级主任代表了学校的意志，对教师则意味着强制性。这会形成看不见的对立和冲突。如果只是把学校的管理强度延伸、扩展到年级，就没法推进年级教师自治。

我们的级部是通过双选机制形成的。级部主任是全体教师“海选”出来的，是团队里大多数教师认可的；同时，级部主任又通过自由、自主地选择教师而组成相互信赖、相互支持的级部团队。在通过双选形成的团队里，级部主任和全体教师成为利益攸关方，并组成合作共同体，级部主任团结并带领全体教师一起前行，而全体教师支持和帮助级部主任完成学校的教育教学任务。只有这样，才能为级部团队赢分，才能取得全体教师的绩效奖励。

二、赋予级部主任人权、财权、事权、考核权、奖励权，为级部搭载动力系统

级部作为一个基本管理单位，具有组织的属性。因此，只有向级部主任赋权，才能实现事权一致、权责统一，才能为级部搭载动力系统，使其拥有前进的动能。

学校通过契约的方式向级部主任“赋责、赋能、赋权”，通过基于教育教学标准的团队赢分评价进行奖励。级部主任有权决定聘任谁做自己的副手。级部主任拥有教师聘任权，可以自主决定聘或不聘某位教师，并安排教师承担级部的社会性工作。级部主任可以支配一定的办公和教学用品经费以及组织课程活动的费用。级部主任拥有教育教学的指挥权，可以决定级部特色课程，可以自主调课等。级部主任拥有教师考核评价权，可以制定级部考核评价办法，并根据评价结果

对教师进行奖励。

三、级部内部建立社会性多岗位制度，让每位教师担负起发展学校的责任

级部主任全面主持级部的行政、业务工作，自己提名、决定两位助手人选。级部设置众多社会性岗位，由一位或两位教师根据自己的特长和能力负责某个社会性岗位工作，如级部的文化建设、纪律检查、考勤管理、卫生检查、升旗仪式、少先队工作、设备设施管理、宣传工作、文件管理、执勤值守、家校合育、内部评价……

在级部组织架构的基础上建立网格化、全体教师共同对级部负责的社会性多岗位制度。于是，教师不再局限于本班的教育教学工作，还要担负起发展学校的责任，因而视野更加宽广，站位更高，看问题更准，动力更强。

四、建立级部内部的管理制度、运行机制和考评体系，保持级部有序、有效地运行

经过双选形成的级部团队是和谐的、抱团取暖的集体，因为教师会选择正直、善良、有担当、有能力、能合作的人担任级部主任，级部主任会选择富有爱心、善于合作、遵纪守法、爱岗敬业、踏踏实实、业务能力强的教师进入级部工作。这样的级部产生方式为级部自治和有效运行奠定了基础。

在传承级部自治经验的基础上，每学年开学前级部主任重新制定级部管理制度、教师岗位职责，明确岗位分工、工作目标和任务，建立内部管理与运行机制和考核方案，使教师各归其位，各尽其责。每个级部从学期初的制定工作要点到学期中参与团队赢分评价，再到学期末进行等级考核，最后进行总结、述职、反思，形成一个完整的管

理过程。

在团队赢分过程中，学校每个月发布各级部团队的“丢分项”，级部据此召开全体教师会议，分析“分”丢在哪里、是什么原因造成的、是谁的责任。级部建立教师考评制度，追踪“丢分”原因到个人、班级或学科，确保下个月不再“丢分”。级部还根据教师个人的贡献进行奖励。

学校组织的变革需要一个导向性的价值引领，因为价值观是指导和决定学校组织其他要素的核心。[①]推进级部自治的核心价值是让每位教师都成为学校的重要人物。

① 陈丽，李希贵，等. 学校组织变革研究：校长的视角[M]. 北京：教育科学出版社，2013.

57 建立充满动能的人事工资机制

某地一位曾经当过教师的企业负责人转任区教育局局长，下去调研，看到学校死气沉沉、教师松松垮垮、教学质量不高，非常不满意，就批评校长。校长很委屈，争辩说："教师不好好教学，我也没有办法。您看，进什么人学校说了不算，发多少工资学校也说了不算，教师干得怎么样学校还是说了不算……"

这位离开教育岗位多年的局长认真进行了调研，发现今天学校人事制度"铁饭碗"和工资制度"大锅饭"已经固化，从而让教师队伍失去活力和激情，让学校失去动能和推力。于是，他决定在全区推进改革，并出台方案，其中第一刀砍向分配制度：从每位教师的绩效工资中切出 500 元，经过学校考核，根据教学绩效重新发放。

在改革推进过程中，由于教师认识不到位，加上学校实施方案存在缺陷，教代会通不过，只好通过行政手段硬推，结果引发教师集体上访事件。区领导大为恼火，叫停了这一教育改革，把这位局长调到偏远乡镇去了。

在现实中，人事、工资历来是非常敏感的"奶酪"，"动"不好就会闹出"动静"。

假如两所学校生源、资源、师资、管理等办学要素基本相同，其中一所优先胜出的秘诀是什么？显然，是内部的动能，即全体教师的积极性、主动性和创造性。如果不推动学校的人事、考评、工资制度改革，就难以调动教师的积极性、主动性和创造性，就很难提升办学效能。

在人事、工资的"奶酪"面前，怎么做才能既实现重建学校发展动能、推进学校发展之目的，又能让教师愿意接受，保持校园稳定？

新学校行动研究发起人李希贵校长说：“撬动油门而不是推轮子。”[①]幸福教育从人性出发，从学校发展愿景出发，从学校大局出发，从实现教师的价值并使其拥有幸福感出发，在遵循科学、公平、公开原则和合理设计制度的基础上，让全体教师协商达成共识，通过撬动学校内部“油门”推动学校发展。

一、在人事制度方面，采取自由选择的办法，让教师每年进行两次自由选择

只有选择才能带来自由，只有自由才能带来幸福，只有幸福才能带来创造。“如果人类容忍彼此之间按照他们自己认为善好的方式去生活，而不是强迫每个人都按照其他人所认为的善好的方式去生活，那么人类就会是更大的赢家。”[②]让教师对职业、对学校、对岗位进行自由选择，实际上赋予了教师自我意识和主体责任，教师在选择过程中可以促进职业觉醒，实现专业成长。一位教师如果出现严重的职业倦怠，可以选择离开教师职业；如果与学校文化格格不入，可以选择离开这所学校；如果与同事关系紧张，或引发了家校矛盾，可以选择离开原来的岗位……

第一次双选，是教师和学校的相互选择。一位教师如果出现职业倦怠，或不适应学校文化，或不胜任教学工作而被家长举报，或因个人原因，可以选择离开学校，去寻找更适合自己的地方。如果学校因人手紧张而强行将该教师留下，却留不住他的心。该教师即使在学校继续工作下去，也会激情燃尽，牢骚满腹，抱怨多多，不能获得幸福

---

① 李希贵. 学校如何运转[M]. 北京：教育科学出版社，2019：1.

② 密尔. 论自由[M]. 于庆生，译. 北京：中国法制出版社，2009：19.

感。我们规定，每年 3 月份全体教师与学校进行双选，每位教师都要写申请，可以选择调走，也可以选择留在学校。如果选择留在学校，就必须认同学校的办学章程，遵守学校的制度，参加绩效考核。这样，选择留下来的教师，高度认同学校，服从学校的办学要求，能够团结一致、幸福饱满地工作下去。

第二次双选，是教师和级部的双向选择。放暑假前最后一周，学校排出新学年的工作岗位，组织全体教师进行双选：先由级部教师“海选”出级部主任，再由级部主任根据岗位设置选择本级部的教师，同时组织教师选择岗位，选择岗位的同时选择工作量和校园社会责任。这样，一个抱团取暖的新的合作团队就诞生了。在级部，全体教师支持级部主任的工作，级部主任充分发挥教师集体的力量，共同完成学校的教育教学任务。

我们相信每位教师都是向上、向善、向美的。正因为如此，有序、合理、自由、民主的双选培养出了和谐的团队和愿景一致的共同体。两次双选实际上为教师自由流动提供了机会，为教师发挥更大作用、实现人生价值、寻找职业幸福感提供了可能。两次双选也可以促使教师进行反思，明确自己应该承担的责任，不断实现人生增值。

二、在工资制度方面，使教师的工作绩效与个人切身利益紧密挂钩

由于双选人事制度在前，教师上岗就意味着选择了参与考核评价和绩效工资分配制度，因此，推进工资改革水到渠成。

当然，要“动”工资这块“奶酪”，有一个底线，就是在设计制度时保证每位教师只要完成工作任务，就可以拿到自己应得的部分；而新增的绩效工资则让干得更多、干得更好的人去拿。这样的制度是教师能够接受的，因为它没有“动”教师已经“占有”的“奶酪”。然而，如果教师没有完成规定的基本工作任务，或考核不合格，他的

已有“奶酪”就会被“动”。这是由教师自己的作为决定的。

在保持教师原有工资不变的前提下，对学校新增的绩效工资按照工作量和工作质量考核分配。这就形成了新的绩效工资分配制度。绩效工资分配的依据是基于教育教学标准的考核方案。通过级部团队赢分评价和个人学术积分，学校称量出每位教师的工作实效，干得越多、干得越好，就会取得越高的报酬。这促使全体教师通过做贡献实现自己的人生价值，感受职业幸福；同时，也让素质和能力有待提高的教师口服心服，并知不足而前行。

实际上，学校人事、工资制度改革的关键不是动不动“奶酪”的问题，而是使全体教师提升站位，形成共识，设计科学、公正、合理的分配制度。

幸福教育人事、工资制度改革在山东、北京和云南的联盟学校内都在施行，这些学校均建立了发展的新动能，调动起全体教师的积极性、主动性和创造性，取得了良好的办学效果。

58 幸福学校里的柔性评价机制

某验收团到某名校去评审“金帆艺术团”，其中有对全体学生艺术素养的抽样测试。结果很不乐观，有 40% 的学生达不到国家课程标准的要求。一位专家告诉我：“艺术教育在这所学校没有得到落实。”

说句老实话，不仅这所名校，拿艺术课程标准到任何一所学校去测试学生，谁敢说课程标准真正落实了？

没落实的原因有很多，如缺乏师资、缺少专用教室、缺少乐器等，此外有一个非常重要的原因，就是没有把艺术、体育、科学、道法等“小学科”或“副科”纳入真实的评价中。

在小学，传统上语文、数学、英语是考试学科，音乐、体育、美术等是考查学科。考试学科由学校或区域教育部门统一命题，统一检测，统一阅卷；而考查学科则由学校任课教师自己命题，自己考试，自己阅卷。考查学科的教师既当教练员又当裁判员，结果会怎样？实际上，教学过程和教学结果都没有得到真实的评价。考查学科长期以来的不真实评价，带来的后果就是学生体育、艺术、科学等素养达不到课程标准的要求。

一个组织评价什么，就鼓励什么，大家就去干什么。评价决定了组织的效能。道理很简单：做了什么，如果没有评价，长此以往，大家就会“躺平”，不讲效能。这样，不仅这个组织的事业得不到发展，组织里的人也很难拥有成就感、收获感和幸福感。

按照马扎诺的认知系统理论，体育、艺术、科学等学科需要更加复杂的学习过程和更高的思维水平。这些实操性很强的学科不仅需要学习基础知识，习得基本技能，还需要动手、动脑、合作、探究，对学生的创新能力和全面发展来说非常重要。[①]

因此，我们引进社会第三方专业人士对音乐、美术、体育、科学、信息技术和道法进行评价，并将评价结果纳入评价系统。

第一，根据国家课程标准，结合学校实际，第三方和学校学术委员会联合研发出学科校本课程标准。因为受到办学条件和资源的限制，国家课程标准的有些内容是很难落实的。例如，田径教学需要运动场，而没有运动场的学校有些教学内容就很难落实。校本课程标准可以根据办学特色增加部分教学内容，例如，通过实施口琴教学，实现每个孩子会一样乐器的目标。因此，我们需要根据学校教学实际研发校本课程标准，并逐步向国家课程标准靠拢。

第二，按照学科校本课程标准组织教学。第三方会与每个学科教研室进行沟通，组织教师学习、研读和分析校本课程标准，整合校本学习资源，按照校本课程标准备课、上课。

第三，加强教学过程诊断性评价，提高教学质量。第三方进驻学校，通过查看教案，参加听课、评课、教研等进行过程性诊断，帮助教师提升课堂教学能力。

第四，期末由第三方组织统一命题和考查。第三方基于校本课程标准聘请学科专家进行命题，组织过程性诊断和考查，不仅对基础知识的掌握和理解情况进行纸笔测试，还由专业教师“一对一”考查学生的基本技能，如音乐课的口琴演奏、美术课的绘画、体育课的运动动作、科学课的实验操作等，全面考查学生的学习情况。第三方对教学质量进行分析，将将其客观地反馈给学校和学科全体教师，以帮助他们改进教学，提高质量。

当把“小学科”或“副科”纳入真实评价中时，“小学科”或

① 黎加厚. 新教育目标分类学概论[M]. 上海：上海教育出版社，2010.

“副科”就变成了“大学科”或“正科”。这样，国家课程标准才能真正落实到位。

“学校效能是学校发挥积极作用的能力及其实际结果。而效能学校（或称有效学校）就是在质与量的两个方面都有优秀的工作成果。”[①]实际上，我们不仅对考查学科进行评价，还把教育教学和管理服务，如公共选修课程、自主选修课程、校会课程、实践课程、超学科课程、农场劳动课程、家庭教育课程、寒暑假社会实践课程等全部纳入评价中。这样，才能建立柔性评价机制，让每一个学科、每一位教师站在同一条起跑线上，才能激发全体教师的热情和干劲，确保教育效能。

① 李永生. 学校效能建设[M]. 北京：教育科学出版社，2012：1.

59 如何通过评价促进师生幸福成长

学校往往通过考试成绩对学生和教师进行评价，其结果是进一步导向应试教育，造成教师人际关系恶化，学生课业负担加重。

幸福教育如何将单纯的分数评价转变为表现性评价？如何建构包括及时性评价、过程性评价和终结性评价在内的完整评价体系？如何用数据和模型进行增值性评价？如何把对师生的被动评价转变为对师生主动发展的评价？只有构建科学、合理、结构化、有连续性、有促进作用的评价体系，才能让全体师生拥有收获感和幸福感，在学校里享受幸福教育生活。

一、建构由级部团队赢分和个人学术积分共同构成的自我发展评价体系，指向教师的幸福发展

教师职业的特点一方面要求形成教师团队的力量，这就需要建立可以促进团队和谐、抱团共赢的评价体系；另一方面要求发挥教师个体的独特作用，这就要求建立可以促进教师专业成长并在组织内发挥作用的评价体系。

第一，在促进团队合作与发展方面，我们建立了级部团队赢分评价体系。根据教育教学标准每个学期给每个级部团队赋 1000 分，涵盖级部本学年应该完成的教育教学任务。学校按照级部团队赢分对级部进行奖励，分三个等级发放绩效工资和其他奖励。我们规定，如果一个学期某个级部团队赢分低于 800 分，则下调或取消整个团队的绩效

工资。然而，评价的目的不是扣发整个团队的绩效工资，而是为了激发团队的合作意识和奋斗精神。因此，我们再设200分加分项，丢分的级部团队可以齐心协力创新工作项目，争取赢分达到800分以上，或者达到1000分。

一个级部赢分多少，只与自己级部的人有关，与他人无关。在级部团队赢分评价中，每位教师为了团队，也是为了个人利益，必须积极投入教育教学和管理中，努力做到自己不丢分；一旦丢了分，就要努力为级部团队赢得加分。这样，赢分就变成了教师和他人关联的事情，从而调动起全体教师教书育人的积极性、主动性和创造性，使他们获得职业的价值感、成就感、幸福感。

第二，在促进教师个人专业发展方面，实行“个人学术积分”评价体系。我们在办学实践中发现，对教师的评价，特别是对小学教师的评价一直是个难题，难就难在小学教师岗位的独特性和复杂性，难以用同一把尺子衡量每位教师的价值。如何破解这一难题？需要找到更有效的评价路径。

教师的专业领域包括集体备课、个人复备、研发课程、研究教材、探究教法、班级管理、课堂管控等，包括研究课、示范课、引路课的开设，以及听评课、学术研讨、进修、经验交流、做报告、做课题、撰写论文、出试卷、分析教学质量等。这些学术行为与教师自身的专业发展高度相关。根据教师专业领域的学术活动项目，各个课程管理部门制定各自的学术积分标准和计分办法，每个学期每位教师在学术发展上的点滴成绩和进步都会被记录下来，最后将学术积分汇总，变成他们的学术性发展标志。

学期结束后学校人力资源部门统计出每位教师在各项学术活动中的积分，按照比例折合成每位教师的学术总积分，根据学术总积分排名，并进行奖励。对学术总积分在前20%的教师，在全校教师大会上公布成绩，提出表扬，进行物质奖励。对其他教师，则给他们发一张纸条，上面只有本人的学术积分和排名，目的是提醒和激励教师继续做好学术积分工作。教师的学术积分，与他的职称评审、工资晋升、评优评先、绩效奖励等相关联，可以反映他的专业发展程度。

在个人学术积分过程中，教师是否参加学术活动，成果如何，与学校、他人没有关系，只与自己有关。这种基于教师自我发展的评价方式，可以有力地促进教师的职业自觉和专业成长。每学期的学术积分成为教师专业发展的重要指标，也是个人价值的重要体现。

二、建构促进学生幸福成长的“星→币→物”的结构化、过程性、智能化、表现性评价体系，指向儿童的幸福成长

对小学生发展质量的评价向来是一个难题，即使在功利性教育大背景下的评价，也不像中学那样容易。目前，各地教育部门规定了对小学生的各种评价，如《综合素质评价手册》、评选“三好学生”、学业质量监测成绩、学生竞赛成绩等，但这些没有形成结构化、科学化的评价体系。

教育部等六部门印发的《义务教育质量评价指南》，提出了学生发展质量评价，包括学生的品德发展、学业发展、身心发展、审美素养、劳动与社会实践等五个方面的内容。同时提出，要注重优化评价方式方法，强调“结果评价与增值评价相结合、综合评价与特色评价相结合、自我评价与外部评价相结合、线上评价与线下评价相结合”。

学生的发展质量来自课程建构，因此，评价体系必须与课程相匹配，这样才能促进学生的全面发展。

（一）追星行动的指导思想

1. 主动性评价。成长是儿童自己的事，“追星”也是儿童自己的事。我们希望通过“追星行动”使儿童从被动发展转变为主动成长，实现自我发展。

2. 结构化评价。把每节课、每天、每周、每学期的追星行动连起

来，建构小学六年结构化、螺旋式上升的“追星行动”，引导儿童全方位地追星，使儿童形成积极向上的习惯和品性，把握积极进取的人生方向。

3. 表现性评价。课程到哪里，追星行动就到哪里。追星行动到哪里，就即时呈现评价结果，随时鼓励儿童在德、智、体、美、劳、合作、情感、心理品质等方面健康发展。

4. 过程性评价。追星行动不仅表现在每节课上，还表现在实践课程中；不仅在学校里开展，还延伸到家庭和社会中，以实现家校合育。

（二）追星行动的策略和方法

1. 追星行动由追星保底行动和追星无限行动两部分构成。

2. 追星保底行动。所谓“保底”，是指每个学生每个学期围绕学校课程、家庭教育课程和社会教育课程至少要完成 500 颗校星的追星任务。其中基础性课程——国家课程 150 颗，拓展性课程——适性课程 100 颗，实践性课程——主题课程 150 颗，家庭教育课程和社会教育课程 100 颗。

3. 基于学生的个性、差异，不能使用统一的标准去衡量每一个学生，必须立足于“这一个学生”去生成他的追星行动评价，让每个学生走上自己的发展路径。教师和家长要引导、鼓励学生完成 500 颗校星的追星任务。

4. 追星无限行动。不设限，上不封顶，可以超越 500 颗校星，让学生得到更大发展。

5. 校星被分配到班主任、各科任教师、家长等与学生相关的成人手中，他们根据学生的表现随时随地进行评价。

（三）追星阶梯奖励

1. 即时性评价：表现良好或优秀（对学生个体来说，良好或优秀的标准不一样），当场兑换“蓝星”。积攒 5 颗“蓝星”（代表航天教育）可以换 1 颗“绿星”（代表科技教育）。积攒 5 颗“绿星”可以换 1 颗“红星”（代表国防教育）。积攒 10 颗“红星”可以换一颗校星。

2. 过程性评价：学生积攒 500 颗校星，发“今日之星”奖状；积攒五个“今日之星”，发“未来之星”奖状；积攒五个“未来之星”，发“荣耀之星”奖状；积攒五个“荣耀之星”，发“璀璨之星”奖状。

3. 终结性评价：小学毕业时拿到“璀璨之星”的学生，将被授予最高荣誉奖——蓝带奖，在毕业典礼上隆重发放。

（四）追星行动手段的智能化

1. 2011 — 2015 年：采用把校星粘贴在追星本上的办法。这种办法增加了教师和家长的负担，也不利于及时呈现学生的校星数量和综合性评价。

2. 2015 — 2021 年：探索智能化追星系统。由“V 屏”软件、追星系统硬件、卡设备以及评价棒、二维码等组成。教师和家长等评价者不再使用纸笔，只需用评价棒扫描学生的二维码，就可以完成对学生的评价。同时“V 屏”上就会呈现学生的追星状态，即时性的表现性评价便会形成。

3. 在每一间教室安装“V 屏”，每个学生输入密码就可以看到自己的追星情况。学校管理者、教师和家长在手机终端安装“V 校”APP 后，就可以随时查看每个学生的追星情况。

（五）以“幸福币”为平台，把即时性、过程性、终结性、增值性评价连接起来，让学生看到，只要努力，就会拥有收获感、幸福感

1. “幸福币”原理。代币制是以象征钱币、奖状、奖品等的标记物为奖励手段来强化儿童良好心理、行为的方法。学生通过日常行为表现获得校星，校星攒到 100 颗时可换取一枚“幸福币”并在周一的

校会上隆重发放。再用“幸福币”去兑换自己喜欢的各类奖励。

2. 从“星”到“币”的连续“刺激”。基于儿童的年龄特点，落实即时性评价，即每天在课堂上、课下、家中，只要表现良好或优秀，就会得到相应颗数的“星”。落实过程性评价，即将“星”的数量与“幸福币”联结起来，“星”达到一定数量，就能兑换“幸福币”。这可以让学生不断拥有收获感。

3. 从“币”到“物”的连续“刺激”。“幸福币”具有交换价值，可以兑换物质和精神奖励。学生获得“幸福币”后，可以到学校的“幸福驿站”去兑换自己喜欢的“物”。当然，“物”是多种多样的。例如，获得2枚“幸福币”，就可以到校长办公室与校长合影留念。积攒5枚“幸福币”，就可以兑换一个蛋糕，带回家为爸爸或妈妈庆生。

4. 阶段性评价引领学生成长，激发成长动机。每周，每月，每学期，直到毕业，为每一个学生制作动态的追星雷达图，呈现他在不同课程领域的追星分布情况和他获得的“幸福币”在同龄人中的占比情况，从而总结他的阶段性追星行动成果，反映学生的发展样态，给学生提供反思、改进的依据和继续前进的动力。

开展追星行动十年来，促进一批又一批学生全面发展，收到了良好的效果。

（1）把评价与课程实施紧密结合起来，有效地促进课程落实。

（2）将评价与儿童的生活结合在一起，使评价成为儿童生活的一部分，实现时时激励、长效激励。

（3）通过评价把课内、课外、学校、家庭、社区等联系在一起，实现结构化、全方位的激励。

（4）智能化手段解放了教师和家长，让评价随时随地“一扫”完成，也方便教师和家长随时查看评价情况。

（5）每一个与儿童相关的成年人都成为评价主体，确保对每一个儿童的评价的科学性和公正性。

（6）建立起“星 → 币 → 物”的评价结构，追星换币，用币换物，让儿童感受到存在感、价值感和荣誉感，实现幸福成长。

不论成人还是儿童，迫于外来压力的成长都是不健康、不幸福的。只有把评价变成促进个体主动发展的方式，才能真正发挥评价的导引作用，让学生拥有内驱力，不断成长。

60 幸福教育的家校合育

当学校发生深刻变革而家庭教育没有随之改变的时候，或者说当学校和家庭没有达成共识的时候，家校之间就会出现矛盾和冲突。而家校发生矛盾和冲突后，家长和教师最终都会平安无事，受到伤害的只能是儿童。

苏霍姆林斯基曾说："教育的效果取决于学校和家庭的教育影响的一致性。如果没有这种一致性，那么学校的教学和教育过程就会像纸做的房子一样倒塌下来。"[①]按照幸福教育的儿童观，我们需要提升家校合育水平，保护儿童不受伤害，让每一个儿童幸福地成长。当今社会，家校合育如此艰难，以至于学校常常在任性而独断的家长面前束手无策。那么，如何开展幸福教育的家校合育呢？

一、把儿童放在家校合育的正中央，构建共同的幸福教育理念

毫无疑问，儿童首先是家庭的，父母有责任把孩子养大。儿童又是国家的，所以国家普及义务教育，培养合格的公民。因此，家庭、学校、政府的教育目标高度一致，就是让儿童幸福而健康地成长为国家未来的建设者和接班人。

然而，在具体操作领域，学校和家庭经常发生分歧。例如，课后

① 苏霍姆林斯基. 给教师的建议[M]杜殿坤，编译. 2版. 北京：教育科学出版社，1984：530.

作业是引发家校矛盾的“痛点”之一。布置课后作业，是课堂教学的延续，是为了让学生巩固知识，形成能力，实现迁移。布置课后作业本来是正常的学习活动，但今天却成了引发家长“退群”、投诉、举报的社会热点。既然布置课后作业是为了让孩子更好地成长，那么教师和家长就要达成共识，共同帮助孩子成长。教师要精准和分层布置作业，作业量应该在学生能够接受的范围内，以不影响学生的睡眠和一定时间的玩耍与运动等为准。教师大量布置机械重复的作业，是对儿童的伤害。家长应该知道布置作业的重要性和必要性，应该在与教师的互动中了解如何指导和帮助孩子积极学习与思考。如果教师和家长在儿童教育上发生矛盾，就会进入一种“家校互害”模式。引发事端的主角是家长和教师，而“受害者”却是儿童。

家校冲突起来，往往各说各有理，却忘记了处于冲突中的儿童。例如，一位家长在孩子受到同伴欺凌的时候，不是寻求如何通过教育的方式恰当地解决问题，而是通过媒体发声引发舆论风暴。在这场风暴中和风暴过去之后，学校仍然是学校，教师依然是教师，家长还是家长，而孩子呢？处于舆论风暴中的孩子和全校其他孩子受到的伤害有人去评估过吗？有人去抚慰过他们吗？发生诸如此类的家校矛盾和冲突，主要原因是家校双方心中没有“儿童”：或者是学校办学出了问题，或者是家长任性而为。

幸福教育需要构建以儿童为中心，把儿童放在正中央的家校合育体系和机制，保持学校教育和家庭教育的一致性，以取得良好的教育效果。

二、学校和家庭承担各自的责任，共同担负起育人的责任

国家发布了家庭教育促进法，将家庭教育责任明确提升到法律层面。学校既不能把教育责任推给家庭，也不能把教育责任全部揽入。学校和家庭应该理念一致，达成共识，合作开展教育教学工作，共同

帮助儿童幸福地成长。

仍以作业问题为例。在课堂上学习新知识、新技能后，如果没有一定的练习、巩固、应用，那么，新知识和新技能就无法记牢并实现迁移。这样的学习是低效的。教师布置课后作业是必需的，学生完成作业也是必要的。教师的职责是教学。紧扣新知识、新技能精选有效作业并根据学生的差异分层布置，按时批改，从中发现学生学习存在的问题，然后有针对性地进行辅导，帮助所有学生实现学业进步，这些也是教师的分内工作，不能推给家长。同时，家长也要履行自己的职责。儿童是未成年人，很难做到自律，放学回家后离不开家长的监管和帮助。孩子遇到困难时，家长要鼓励、帮助孩子，陪伴孩子成长。如果家长对孩子不管不顾，孩子就很难有效地完成作业。长此以往，孩子的学业就会受到影响，人格发展也会出现问题。

因此，家校应该各负其责，各归其位，求同存异，合作共赢。这是家校合育运行的重要机制。

三、学校和家长要抱团取暖，共同成为孩子生命中的贵人

学校和家长是伙伴关系，而不是上下级关系，要通过组织建构联合起来。家长要进入校园和教室参与教育教学工作，教师也要走进家庭进行家访，两者只有有效地互动起来，达成共识，抱团取暖，才能合作共赢。

学校建立学校、年级和班级三级家长委员会，他们各自承担家校合作的责任。学校家委会、年级家委会和班级家委会按照自己的职责开展不同层次的家校合作。学校家委会主要是引领和培训，年级家委会主要是协商和落实，班级家委会则具体地解决班级的问题。学校家委会设立家长专业委员会，如招募家长义工委员会，搭建专业的家校深度合作平台。学校每个学期邀请全体家长进入校园、年级和班级共三次，进行家校深度交流，让家长了解情况，和家长达成共识，采取

共同的教育策略。学校组建家长督学委员会，请他们定期进入校园进行督导，从家长视角发现教育教学中存在的问题，帮助学校不断改进工作。学校成立“家长夜校”，开展“家长进校园”活动，采用线下和线上相结合的方式开展家校互动。学校把办学理念、课程整合、课堂改革、校园服务等方面的情况及时传达给家长，并把每个孩子的学业、表现、潜能等告知家长，通过多面、多方沟通，以确立家校共同的价值观和行为。家长应尊重教师的专业和爱心，教师应尊重家长的想法和诉求，双方互动，形成学校和家庭、教师和家长团结一致、合作共赢的家校合育格局，帮助孩子幸福地成长。

近几年各地多次出现“校闹”事件。“校闹”往往会对儿童造成很大伤害。只有建构起家校合育的幸福大厦，才能让住在幸福大厦里的每一个孩子幸福地成长。

61 幸福教育“破墙”行动

学校是社会的一部分，特别是身处社区或村落的学校，自然与社区或村落融为一体。

从这个意义上说，校园不能是封闭的，不要让校园的院墙阻挡了学校和社区或村落居民的互动、交流与资源共享。“学校是一个开放的社会系统。学校系统的发展，不仅受到外部环境的影响，更需要从外部环境获得资源。”①

有一年我到台湾高雄一所乡村小学访问。这个乡村面临着年轻人外出打工，村里只剩下老人和孩子的现实问题。这所小学的校长在学校里建设了一所社区大学，晚上邀请老人到学校讨论如何照看儿童问题，并交流家庭教育经验。学校还利用当地很多人会弹奏月琴的特长，利用课余时间聘请老人到学校教授孩子们月琴。这所学校的教育质量非常高，而且全校300多个孩子都会弹奏月琴。中秋之夜，300多个孩子在古老的城墙上一起弹奏月琴，那是何等壮观和震撼的场面！这样的教育，为当地小镇开辟了美好的未来生活。

受到启发，回来后我就研究如何创办一所社区大学。于是，我们开启了学校“破墙”行动。

我们开办社区大学的想法得到了政府的大力支持。街道工委书记

---

① 霍伊，米斯克尔．教育管理学：理论·研究·实践：第7版[M]．范国睿，主译．北京：教育科学出版社，2007.

担任“社区大学”校长，街道支持部分资金。我们还邀请周边单位的领导担任副校长，学区内八个居委会的书记、主任也参与办学。利用学校的公共设施，社区大学挂牌开张。

我们向社区所有居民发出邀请。第一堂课由著名教育记者孙云晓老师主讲，向居民普及家庭教育和社区教育的基本知识与方法，这在听课的社区居民中引起强烈反响。在调研社区居民需求的基础上，我们还分不同层次举办不同主题的沙龙。例如，对哲学感兴趣的居民，可以参加哲学主题沙龙，一起探讨哲学问题。大学教授、中小学校长、哲学家、歌唱家、经济学家、医生、法律专家等都走进过我们的“社区大学”。

这样，学校就不再是与社区隔绝的一座孤岛，而成为社区的一部分，成为和社区同呼吸、共命运的合作共同体。

学校是社会道德的高地。从某种意义上说，是学校在引领社会道德的发展。因此，学校引领社区走向幸福，才能真正为孩子们构筑起社会学意义上的幸福场域。

第十章

幸福教育的育人模型

62 建立幸福教育育人模型

去年我家附近的街角新开了一家饭店，主要经营火锅鱼。这家饭店食材新鲜，环境舒适，一时门庭若市。今年有一天路过这家饭店时发现它已经关门，改成了一家徽菜馆。而去年同期在另一个街角开店的麦当劳，到现在依然是人来人往，红红火火。

最近，红火一时的“海底捞”关闭了300家门店。同样是开饭店，为什么我们的饭店容易倒闭，而麦当劳开遍全世界也不会轻易倒闭？

后来听到曾任北京麦当劳公司营运和训练经理的章义伍先生解读背后的原因：麦当劳长盛不衰靠的是制度和流程，而我们的饭店靠的是人和人情。

实际上，制度和流程就是一种模式。制度规定了做什么，流程规定了如何做。例如，麦当劳的炸薯条，不论换成谁来做，都是按照设计好的标准和流程来操作。所以，即使换了人，按制度和流程做出来的产品永远都是那种品质、那个味道。而我们的饭店不一样，换了一个厨师，菜的味道往往就随之大变。

学校与企业一样，也是一个组织，带有组织的共性。办学有没有模式？名校基本上都有自己的模式，否则就很难去别处办分校——办分校“输出”的实际上是办学模式。

办好学校是需要模式的。没有模式的发展，一定是混乱无序的，也是无效的。而且，我们认为，任何模式在一定阶段、一定地域是合理的；一旦时过境迁，就需要对外部环境做出反应，就需要进行调整、改造。

我们从2002年开始探索幸福教育，并逐步形成自己的办学模式。从东营到潍坊，从山东到北京，从北京到全国各地，幸福教育办学模式经历了不断设计、尝试、探索、总结、提取到打破、重构、再出发、再总结的动态发展过程。

后来，我们把“幸福教育办学模式”改为“幸福教育育人模型”，为什么？

我们认为，在事物发展过程中，人们首先发现了模式，找到了一种内部的关系和规律，然后演化为相对固化、外显的模型。模型不仅可以表达模式的内涵，还上升为一种规范、科学、可操作的系统。

幸福教育育人模型主要采用虚拟模型方式，由“原则与范式”和“路径与方法”两个部分构成。

在山东省东营市“首秀”的幸福教育学校采取的是1.0版，即尝试和探索一种适合儿童幸福成长的办学模式。这是一个实验和建模的过程，不完善、不充分是其特点。当我们带着这样一种办学模式到潍坊举办新学校的时候，就需要对其进行提取和集成，明确哪些要素和策略是有效的，哪些要素和策略需要迭代。这样，幸福教育办学模式自然就升级为2.0版。

当环境发生重大变化时，幸福教育办学模式就需要相应地进行迭代。幸福教育办学模式进入北京后，经过十年办学的历练和凝结，已经演变为3.0版，并且正在逐渐完善成熟——逐步建构起幸福教育育人模型。

2019年中国教育学会“幸福教育育人模型的研究与推广”开题会在北京举行，中国教育界的不少名师大家到现场给予指导。又经过三年实践研究，在更多学校探索和施行，幸福教育育人模型得到进一步完善。现在，不论在北京、山东，还是在云南、安徽，幸福教育育人模型均取得一定成功。

63 幸福教育育人模型的原则与范式

从世界观到方法论，幸福教育建立起从上位的原则与范式到下位的路径与方法的体系，具有办学的可操作性，具有教育学的意义。

幸福教育育人模型的原则与范式如下。

一、幸福教育界定

幸福教育就是在尊重儿童天性的前提下，通过幸福教育课程的实施和评价，促进儿童的社会化发展，实现立德树人的根本任务，让每一个孩子拥有幸福童年和幸福人生。

二、幸福教育关注的五大关系

正确、辩证、发展地认识和运用幸福与人生、幸福与教育、幸福与儿童、幸福与教师、幸福与学校的关系，并将这五大关系作为审视幸福教育的制高点和发展的终点。

三、幸福教育五大价值观

1. 制度与自由。没有绝对的个人自由，没有制度约束的自由只能走向自由主义，最终使个人失去自由。只有建立学校制度，依法治校，才能保证校园内每一个人的自由。

2. 公平与尊严。没有公平，就会让人失去信心，失去尊严。只有建设公平校园，用制度和机制去保障公平，才能保证校园里每一个人的尊严。

3. 价值与评价。人的价值是可以通过人的表现和贡献来“称量”的。只有建立科学、客观、中立的评价系统，加强过程测量，才能呈现校园里每一个人的价值。

4. 生活与发展。发展的基础是拥有稳定的生活。只有创造丰厚富足的物质生活，创设民主自由的精神生活，创造健康幸福的心灵生活，才能实现校园里每一个人的自我发展。

5. 共性与个性。人人富有个性，过度强调个性，就会是一盘散沙。应在遵守共性的前提下，尊重个性张扬和特长发展，让校园里的每一个人找准发展之路，走向成功。

四、幸福教育愿景

学校应该成为儿童做梦的地方。建设一所“学生向往、教师幸福、社会满意”的理想中的伟大学校——中国梦学园，让每一个孩子拥有自己的梦想。

五、幸福教育使命

每一个儿童都拥有生命尊严和人生价值。关注差距，尊重差异，让每一个孩子走上最适合自己的发展路径，成长为大器。

六、幸福教育培养目标

让每一个孩子拥有幸福人生。第一，创设生动活泼、丰富多彩、健康快乐的学校生活，让每一个孩子拥有幸福童年。第二，为每一个孩子拥有幸福人生奠基，包括培养他们感知幸福、创造幸福的能力。

七、幸福学子标准

行为是规范、自律、优雅的，心灵是自由、舒展、张扬的，文静、优雅、风度翩翩，这就是幸福学子的形象。

八、幸福教育三大目标

1. 让每一个孩子拥有幸福童年和幸福人生。
2. 让每一位教师拥有物质、精神和心灵的幸福生活。
3. 让每一所学校成为师生、家长和社区居民共同成长的幸福场。

九、幸福教育三大追求

1. 公平。建设公平校园，对每一位教师是公平的，对每一个孩子是公平的。

2. 自由。让孩子获得行动、心灵的自由，让教师获得职业、岗位、时间、空间、学术、生活方式、心灵的自由。

3. 效能。让效率和效益成为学校的行动指向——过程讲效率，结果讲效益。

十、幸福教育文化符号

1. 标识：圆满的幸福（见图 1）。

图 1　幸福教育标识

说明：中间是一个象形和会意的“福”字。左下方的四条长线，分别代表学校、家庭、社区和社会，构成幸福教育的主体场域；右下方的四条线，分别代表教师、学生、家长和居民，构成幸福教育的实施主体；右上方的四条线，分别代表学生的规矩、习惯、学业和情感，构成学生发展的主体。上方的中文和下方的英文“幸福教育”表达出幸福教育的开放性、包容性、民族性和世界性。

2. 形象大使：幸福学子（见图 2）。

图 2　幸福学子形象大使

说明：这是一位快乐、阳光、博学、大气、品学兼优的幸福学子。

3. 幸福教育的颜色：翠绿。

说明：作为幸福教育的代表颜色，翠绿象征着生态、生命、活力、幸福。

十一、幸福教育三大行动

1. 以课程为中心，重构学校组织机构，以效能为目标设计管理体制和运行机制，实现民主办学，落实儿童本位，让每一位教师和学生以及家长成为学校发展的重要人物。

2. 建设公平、民主、自由的校园，创造条件，引领教师走进课程，开发课程，实施课程，在课程建设中消除职业倦怠，实现人生价值，享受职业幸福。

3. 建构幸福教育课程体系，通过推进国家课程校本化实施、适性课程生本化实施，形成学校本位课程体系；搭建课程平台和机制，让每一个孩子自由选择课程，在课程的实施中实现幸福成长，为幸福人生奠基。

十二、幸福教育三大实施策略

1. 顶层、整体、高位建构由学校教育课程、家庭教育课程和社会教育课程构成的全景式幸福教育课程体系，由基础课程、拓展课程和实践课程构成，与儿童生活的外延保持一致，分类实施，逐步推进，指向每一个孩子的幸福成长。

2. 以课程为中心重组校园治理结构，重新进行课程资源配置，建立现代学校制度，通过共建、共治、共享治理机制，指向民主与公平，激发每一位教师的积极性、主动性和创造性，使他们激情饱满地创造幸福教育生活。

3. 建立科学、中立、客观、公正、有效的评价体系和奖惩机制，对教师形成以团队赢分和个体学术积分为方式的评价激励机制，对学生形成以追星行动和幸福币为方式的评价激励机制，促进所有人全面发展。

十三、幸福教育学校的建筑风格

学校应是儿童向往的场所，应该让孩子第一眼看到就深深地喜欢。建筑风格是回归大自然、回归传统，诗意、童话的。学校梦幻的大厅、大气的走廊、温馨的教室、美丽的校园，充满浪漫的气息、童话般的感觉。

十四、幸福教育校园文化

1. 环境文化：尽量贴近孩子的世界，如童话走廊、幸福列车、幸福广场、世界语言林、汉字文化园等。

2. 仪式文化：把各种仪式流程固定下来，形成一种传统，并用影音来记录这些仪式。

3. 校训文化：用简洁的话清晰地阐释校训。

4. 管理文化：给管理运行机构起一个简洁有力的名称。

5. 故事文化：把看不见的校园文化变成一个个故事来传承。

6. 节日文化：充分利用中国传统文化和学校关键事件，构成贴近儿童生活的校本节日活动。

7. 年级文化：不同年级、不同年龄的学生拥有自己独特的年级文化。

8. 班级文化：每个班级选择自己喜爱的动植物作为自己的文化符号。

十五、幸福教育四大联合行动

1. 与家长联合，建立家校合育机制，实现家校一体育人。

2. 与社区联合，建立学校和社区（村落）合作机制，加强学校、社区联动，资源共享，推进社会育人。

3. 与资源单位联合，建立校外课程资源基地，充分利用校外课程资源，实现联合育人。

4. 与其他学校联合，建立幸福教育学校联盟，联盟内学校取长补短，共同提高。

十六、幸福教育的社会责任

幸福教育学校联盟有志于让实施幸福教育的中小学一起前行，帮助更多孩子创造和享受幸福教育。

1. 有共同的幸福教育文化和价值追求，也有基于校本实际的文化特色。

2. 有共同的幸福教育育人模型和管理体制，也有独具特色的办学模式。

3. 有共同的幸福教育行为和实践活动，也有学校个性化的实践主张。

4. 分享联盟内学校的一切资源，抱团取暖，一起行走，共同进步。

十七、幸福教育研究方法

幸福教育不仅是一种办学实践，更需要纳入科研课题加以研究；不仅是教师的实践行为，更是教师的行动研究。把我们的行动拿出来研究，把我们的研究转化为行动，不断迭代更新，是幸福教育的研究方法。

十八、幸福教育行动目标

1. 在理论上，建立“人生的所有问题都归结为幸福问题”的价值判断，主张学校教育的一切都与师生的幸福生活相关联，实现理论与实践的统一，形成指向教育原生态的办学理念与实践范式。幸福教育既是一种教育的应然，也是一种教育的实然；既是对教育本质的回归，也是一种办学实践行为。

2. 在实践上，通过以课程为中心重新改造和优化学校组织结构、资源配置和制度设计，形成适应师生发展的新学校、新形态，让孩子自由地选择课程，自由地成长；建立公平、自由、效能的校园，让教师幸福地教书育人；生成学校新的活力，实现新旧动能转换，推动学校由普通走向优秀，成为深化素质教育、提升办学品质、促进高位均衡发展、实现立德树人的一种办学范式，具有典型性、普适性和可推广性。

3. 在研究方式上，采用行动研究法、头脑风暴法，以儿童为中心，以课程为核心，以立德树人为根本任务，强调办学的实践性，达到改变学校、提升办学水平和教育教学质量、追求理想学校之目的。

以上十八个原则与范式涵盖了幸福教育的愿景、理念、文化、追求、制度、行动、策略等方面，属于幸福教育办学思想领域的导引部分。

64 幸福教育育人模型的路径与方法

办学是一件实实在在的事，来不得半点儿虚假和忽悠，因此，任何教育理论、理念只有落地变现、真实发生，才具有研究和推进的价值。

学校管理者的服务对象是教师、学生、家长以及上级、周边单位的人，教师的服务对象是学生和家长。在学校这个需要不断平衡和处理各种人际关系的机构里，需要制定可操作的结构、制度、流程、方法等。

幸福教育育人模型的路径与方法如下。

一、学校治理结构

以幸福教育理念为核心，以实现幸福教育愿景为追求，建构引领、决策、执行、评价反馈四个维度相互促进、相互制约的闭环、螺旋式上升的学校治理结构。

1. 引领系统：学校党组织居于引领地位，确保正确的办学方向，充分发挥党组织的战斗堡垒作用。

2. 决策系统：学校的一切工作按照决策等级进行决策，依次归于教师代表大会（重大决策）、教师决策团（重要决策）和校务委员会（一般决策）。

3. 执行系统：课程的组织部门（部室）、课程的实施部门（级部）和学科学术委员会负责落实。

4. 评价反馈系统：学校评价部门统合政府督导部门、社会第三方和学生、教师、家长的评价，向引领系统和决策系统反馈执行情况。

二、学校组织结构

1. 扁平化、分布式管理系统：建立学校和级部两级管理体制。

2. 行政、学术相对分离运行系统：行政管理部门与学术委员会两条线并行。

3. 相对独立而又交互叠加的评价系统：学校内部评价、学校外部评价相互协调、联动的综合评价体系。

三、学校管理方略

1. 目标管理：学校确立年度总目标和各路发展目标，分别与级部和学术机构“契约”学年目标责任，指向年度总目标。

2. 专业引领：在实施、推进过程中，校长、专家定期引领，各组群自我研讨，社会第三方评价导向引领。

3. 过程评价：实施的过程就是评价的过程，分别对级部、行政部门和学术机构的目标完成情况进行诊断与评价。

4. 结果奖励：根据级部团队赢分、个人学术积分进行奖励，激发全体教师教书育人的积极性、主动性和创造性。

四、学校运行机制

1. 从愿景到战略：将学校发展愿景转化为可实施的九年发展战略。

2. 从战略到规划：将九年发展战略转化为三年发展规划。

3. 从规划到计划：将三年发展规划转化为年度工作计划。

4. 从计划到要点：将年度工作计划转化为学期工作要点。

5. 从要点到项目：将学期工作要点转化为周工作计划。

落实好每一周的工作计划，最终就会导向发展战略与愿景，实现育人目标。

五、校园时空“坐标系”

1. 按学年建立校园时空坐标系，把教育教学和管理服务系统化、结构化、系列化、时空化，保证教育教学有序、有力、有效地开展。

2. 在时空坐标系内建立工作节点，在节点上设计预案和流程。

3. 在实施过程中，凡事必做预案和流程，保证每个项目的有序开展。

4. 将每个项目制作成工作菜单，按照工作菜单逐项落地，确保效能。

5. 督查每个项目的落实情况，时时事事有反馈。

六、校园教育教学标准

任何工作，都必须基于标准；任何评价，也必须基于标准。

1. 对校园中凡是可以测量的教育教学和服务工作全部制定出校园教育教学标准。

2. 根据校园教育教学标准制定学生、教师、课程实施的评价方案。

3. 根据校园教育教学标准和评价方案组织与落实每一项工作。

4. 根据校园教育教学标准和评价方案测量每一项工作。

5. 对根据校园教育教学标准开展的工作进行总结和“述职”。

6. 根据校园教育教学标准评价团队和个人，并对结果进行奖惩。

七、幸福教育核心要素

培养儿童感知幸福、创造幸福能力的要素，包括规矩、习惯、品质、心理、人格、情感、价值观和社会性等，这些是最具基础性、先导性的核心要素。幸福教育核心要素包括：1. 安全与健康；2. 纪律与秩序；3. 守时观念；4. 自主性；5. 情绪的稳定；6. 交际与合作；7. 宽容与分享；8. 尊重与礼仪；9. 公正与公平；10. 感恩；11. 抗挫力；12. 毅力；13. 信用；14. 责任；15. 爱心与孝顺；16. 经济观念；17. 环保意识；18. 劳动观；19. 公共心与亲社会行为；20. 生命观。幸福教育核心要素既是研发课程、实施课程和评价课程的重要依据，也是幸福教育追求的育人目标。

八、幸福教育课程

根据儿童的生活场景、幸福教育核心要素，设计课程体系。

1. 从儿童的生活角度设计：幸福教育课程体系由学校教育课程、家庭教育课程和社会教育课程构成，涵盖儿童的全部生活。

2. 从儿童的经验角度设计：幸福教育课程体系由基础课程、拓展课程和实践课程构成，可让儿童形成丰富、全面、立体的生活经验。

3. 从儿童的个性角度设计：幸福教育课程体系由普通儿童课程、优才儿童课程和特殊儿童课程构成，覆盖不同个性和特殊的儿童。

九、幸福教育学程

不同类型的课程，采用不同的实施方式。幸福教育学程，就是教师主导下的学生幸福学习的过程。

1. 学习策略：认知—逻辑 + 情感—体验。

（1）认知—逻辑学习方式。教材上的知识是按照学科知识的逻辑编纂的，因而，必然采用知识的学习方式，发展儿童的认知和思维。按照学科知识的认知—逻辑学习方式组织学科教学，是落实“双基”、发展儿童思维水平的主要方式。

（2）情感 — 体验学习方式。体验产生感悟，感悟生成和发展情感。学习知识并不是唯一的目的，发展思维的最终结果是丰盈情感，让人成为一个完整的人、幸福的人。①

2. 课堂结构：教→学→用。

（1）教："教"是为了"学"。发挥教师的主导作用，重点设计基于课程标准的学习目标、教材节点、文本重点、知识难点、学生疑问点，让学生知道学什么、怎么学、用什么学、学到什么程度。

（2）学："学"是为了"用"。发挥学生的主体作用，聚焦学习目标，让学生动手、动嘴、动眼、动耳、动脑，同伴合作、讨论、商量，争论、表达、展示。让学生能够自主学会的知识与技能，全部由学生自主完成。

（3）用："用"是为了内化和迁移。必须让学生当堂应用所学的知识与技能，在做中学，在动中思，学以致用。用的过程，就是检测的过程，就是融会贯通、迁移知识、发展思维、形成智慧的过程。

3. 学习工具：资源包 + 工具箱 + 脚手架。

（1）资源包：将教学过程中教师的教学资源和学生的学习资源整合，提升学习效能。

（2）工具箱：将帮助学生学习的思维图、学习纸、模型、工具、方法等，提炼成学习工具，落实到学生自我学习或同伴学习中。

（3）脚手架：在有梯度地学习知识与技能的过程中，研发帮助学生思考的脚手架，提供"引桥"，帮助学生自主学习和同伴学习。

4. 学习方式：独学 + 对学 + 群学。

（1）独学：自主学习。通过提供学习工具和思维支架，给予学生独立自主思考和学习的机会，使学生养成独立思考和发展思维的良好习惯。

---

① 朱小蔓. 情感教育论纲[M]. 3版. 南京：南京师范大学出版社，2019.

（2）对学：同伴学习。在不同的教室、不同的学科选择不同的同桌，两人通过教师提供的学习工具和思维支架进行探究式学习或项目式学习。

（3）群学：小组学习。同质结伴，水平相同和性情相近的同学结为学习的伙伴；异质构组，两对同质结伴的同学构成四人合作小组。通过小组合作与共享，实现不同学生的不同发展。

十、幸福课堂原则

1. 学生存在学习差异，但每个学生都能做最好的自己。在教学过程中让不同的学生选择不同的学习内容，在布置作业的过程中实行分层作业，在检测学业成绩时设计不同的试卷，让不同的学生在不同的路径上发展自己。

2. 坚持每一节课都让学生学有所得。备课时全面考虑，先要考虑核心素养、课程标准，再回到教材，在大概念教学思想指导下设计每个单元结构化的学习目标，再将其分解到每个课时。结合学情，精心确定和叙写课时学习目标，实现一课一得。

3. 让学生知道学习起点，知道要达成的目标，但不设定学习终点。学生的发展是无限的，潜能是可以激发出来的，课堂走向必须是动态的、生成的、不设限的。

4. 课堂是学生与课程媒介互动的过程，学习是学生成长的过程，把学习过程交给学生。课前预习就是自学，预习能力的高低就是自学能力的高低。学习是学生自己的事，不是教师的事。知识和能力建构是通过自我努力或同伴互动实现的。

5. 教学目标就是教学方向，教学目标要落实学科核心素养。教师不是教教材，而是通过教教材落实学习目标，进而培养学生的核心素养，从而实现立德树人的根本任务。

6. 学习基础知识和基本技能是课堂的基本教学形式，而促进学生认知、情感和行为的发展才是教学的根本。预习达到现有发展区，课上达到最近发展区，复习达到更高发展区，实现从低阶思维到高阶思维的发展。

十一、幸福课堂要素

1. 同伴学习。两个同质的同学结为学习伙伴，共同学习，共同建构。同质结伴必须是自由选择的，这样才有学习的情感和基础。

2. 自主动脑。提供学习纸等工具，架设引桥课程等脚手架，让每个学生有动手、动笔、动嘴、动耳、动脑、独自思考和建构的过程。

3. 互助发展。异质构组，即两对同质结伴的同学进行异质（学习能力不同）构组，开展小组合作、检测、展示等，互教互学，一起发展。

4. 共同成长。按照事实性知识、概念性知识、程序性知识和元认知知识的不同性质，研发知识深度等级，通过示范、引领、展示、演讲、分享等学习方式，开展深度学习，发展学生的思维，特别是高阶思维。教师和学生在教学过程中共同成长。

十二、人事、工资和奖励制度

没有选择就没有自由，没有自由就难以感受到职业幸福。在人事制度上，采取一学年两次“双选”的政策，为教师提供自由时空，根据教师选择的岗位体现教师的价值和岗位荣誉。

1. 个人选择学校，确保个人的选择权；学校选择个人，通过“契约”确保个人自觉遵守学校制度和文化。

2. 个人选择级部，确保体现个人价值；级部选择个人，通过自由选择确保形成抱团共赢的团队。

3. 岗位绑定工作量，确保教育教学任务的全面落实；个人选择岗位的同时选定工作量，确保个人工作量的均衡和公平。

4. 测量岗位的数量和质量，称量个人的价值；使用有关工作量和工作质量的测量数据，通过考核发放绩效工资，兑现奖励。

5. 级部团队赢分指向抱团共赢，形成合作团队，决定教师的绩效工资；个人学术积分与教师的职级晋升和绩效工资等奖励挂钩，促进个人发展。

6. 每学年根据绩效考核，进行“评优树先”活动；每学期根据业绩贡献大小，开展“立功受奖”活动；每月根据个人表现，及时表彰“月度人物”。

十三、教师专业发展模式

1. 课程研发。教师只有走进课程研发，才能实现专业成长。因为只有走进课程研发的教师，才能更好地解决教什么、如何教、教到什么程度的问题。

2. 学术交流。专家与教师、学术委员会主任与教师、教师与教师之间在开学前、教学过程中开展深度的学术交流与培训活动，针对学科教学，从单元目标到学习内容、学习方式、检测方法等，形成结构化的教学体系和实施路径。

3. 集体备课。利用假期，以学科为单位，以骨干教师为主体，进行统一备课。教师个人在统一备课的基础上，结合学情进行复备。开学后每周进行一次集体备课，具体研究落实每个单元或课时目标的有效教学路径和方法。

4. 同伴切磋。学科集中办公，教师之间随时切磋学术和教学情况；通过每周开展的研究课等方式相互听课、评课，学习他人的优点和长处，改进自己的缺点和短板，进而提升自己的教学水平。

5. 学业质量检测。教师根据学情和课程标准的要求，制定综合检测系统，对学生的学业质量进行定期检测，以评估教学情况。

6. 教学质量分析。在教学过程中和期末及时进行诊断与教学质量分析，寻找教学中的问题，作为改进教学的依据。

7. 工作反思。教师每学期对自己的教育教学情况进行总结，并向同行“述职”，寻找有效教学的策略和方法，至少写两篇教育教学反思，通过反思改进自己的教育教学情况，发展自己的教育教学能力。

十四、教师课堂研讨方式

1. 同课叠加。同一课题，同一位教师通过两次以上研究课的不断叠加，寻找有效教学的方法。

2. 同课递进。同一课题，至少三位教师上研究课，逐步递进，寻找有效教学的方法。

3. 同课异构。同一课题，至少两位教师上研究课进行对比，寻找有效教学的方法。

十五、建设幸福教室

幸福教室要用暖色调，要柔和，有温度，给人安全、温馨的感觉。

1. 教室硬环境：设置多彩、实用，易于自由组合的课桌椅，便于学生围坐学习。增加地毯、沙发、靠枕等，构建私人学习空间。配置各类学习资源，如玩具、植物、阅读角等。方便生活，如采用合适的光线、温度、湿度、饮用水等。

2. 教室软环境：墙上挂上孩子们的照片、素描像、美术作品、手工作品、作文，或者身高、体重、生日等信息，或者各种展示板、学生自行推选的本周最佳作业等。

3. 教室布置原则：第一，安全和保护原则，清除不安全的物件；第二，社会交往原则，有利于师生、生生交往；第三，象征性标识原则，呈现班徽、小组名称、个人标志物等；第四，任务手段原则，卫生、纪律、照明、桌椅管理等任务具体到人；第五，趣味性原则，适宜儿童，富有情趣；第六，成长原则，一切指向儿童的幸福成长。

十六、班级生活质量规则

1. 确立一般行为原则。明确规则，达成共识。规则与目标一致，与学习规律一致，与校规一致。

2. 确立具体行为原则。班级运转常规、课堂运转常规、师生和生生交往常规。班规——保护我们权利的“法律”——由学生自己制定。

3. 确立教室里的纪律原则。惩罚：违反校规、校纪就要接受惩戒——坐“反思座位”。奖励：做得好随时可以得到校星。规则：遵守规则是理性的萌芽。理解：以同理心感受他人，理解他人。

4. 建立规矩。对上学、放学、课上、课下、就餐、如厕、交际、礼仪、形象、言语、行为、公物使用等做出明确、具体的规定。没有规矩，不成方圆。只有建立规矩，学习规矩，内化规矩，建立起规矩意识，并将其内化为行为，才能培养出良好的生活习惯，最终固化为优秀品质，提高班级生活的质量。

十七、学校布局和建筑风格

校园是儿童生活和成长的地方，其布局和建筑风格必须有别于其他组织。幸福教育学校是为儿童建设的，因此具有儿童的特质、童话的气质。

1. 重视校门建设，如童话般好玩、寓意丰富多彩的校门，能给孩子们带来新奇感、安全感和依赖感。

2. 尽量避免中规中矩的布局，让校园富有变化，让孩子们充满新鲜感、好奇感、探究感。

3. 楼道宽敞、明亮，能够让孩子们在课间奔跑、游戏、交流，并能够展示孩子们的作品。

4. 场馆式学习空间，如教学楼、专业楼、宿舍楼、餐厅、体育馆、剧场等，尽量使用连廊连接起来。这样，既能遮风挡雨，确保安全，又可将连廊建为开放的图书馆、展览馆、文化馆、博物馆。

5. 以学习社区安排不同年级，让高段、中段、低段学生待在一起，相互交际，发展其社会性。

6. 遵循教师办公场所距离教室最近的原则，让教师可以随时看到学生，学生可以随时找到教师。

7. 遵循安全原则，楼宇、绿化、门墙、道路、水电……校园里的一切物件均须符合安全原则，不能对儿童造成任何伤害。

8. 教室空间越大越好，集授课、读书、游戏、交际、休闲等于一体，成为师生生活、成长的温暖空间。

9. 校园的颜色丰富多彩，符合儿童的喜好，可以体现校园文化。

十八、四大评价系统

1. 学生：以"追星"和"幸福币"为载体的全学段、结构化、表现性、增值性评价系统，涵盖儿童在学校、家庭和社会的全部生活。

2. 教师：以个人学术积分为载体的教师主动化、自主性评价系统，可以促进教师实现自我发展，实现个人价值。

3. 级部：以团队赢分和社会第三方评价为载体的团队即时性、过程性评价系统，可以形成和发挥教师团队的力量。

4. 课程：以即时性、过程性、终结性和增值性课程评价为载体的时效性、实效性评价系统，可以确保课程实施落地，评估办学效能。

以上十八个路径与方法涵盖了幸福教育的组织、管理、运行、课程、学程、课堂等，属于幸福教育办学实践领域的实操部分。

— 后记 —

关于幸福教育

大学毕业后我进了教育机关，对学校教育基本上没有什么感觉和认知。等到女儿上小学，当家长的烦恼出现时，我开始关注学校教育。

一天晚上，我10点多回家，看到女儿仍在写作业。我有些不悦：是作业量过大，还是孩子不会做？这不是影响孩子休息吗？我过去看了一眼，孩子在做数学作业，其中一道题她冥思苦想了两个小时也没做出来。我拿过来一看，发现这是一道错题，当时十分气愤：这老师是怎么当的？难道连错题也看不出来吗？也许老师根本就没有提前做过！这样的老师不是在折磨、摧残孩子吗？

后来我发现，类似的学生备受折磨、摧残的现象在学校里相当普遍。

20世纪90年代，中国大地上“素质教育轰轰烈烈，应试教育扎扎实实”。为了“追分”，学校和教师折磨、摧残学生的行为比比皆是。一所中学的校长告诉我，学生座位是根据每次考试的成绩确定的，每次考试后，成绩优秀的学生坐在前排，成绩差的竟然坐到教室外面的走廊上上课。

面对这些教育现象，国家力图从根本上解决，2001年把沿用已久的教学大纲改为课程标准。这标志着我国基础教育课程改革进入一个新阶段。

正是在这样一个教育转折点上，我向上级组织提出，要求去学校当校长，探索应试教育下孩子们幸福成长的新路径。

2001年9月，我到一所普通小学做了校长。面对学校教育现状，经过一段时间的观察和思考，2002年我提出幸福教育的主张，从办学理念到办学实践进行探索，寻找如何从应试教育向素质教育转轨的有效路径。这条路径就是：既要尊重儿童的天性，即教育的“自然性”；又要满足家长的功利追求，即教育的“社会性”。为此，我进行了持续、深入的研究、实践和创新。

2006年冬季，李希贵老师在北京启动了新学校行动研究。在新学校行动研究的过程中，幸福教育作为其个性化案例，研究思路和办学方向逐渐明确、聚焦，形成了自己的话语体系和实践模型。

显然，幸福教育是李希贵老师提出的“为了自由呼吸的教育”理念下的办学实践探索之一。北京玉泉小学不止一个已经毕业的孩子告诉我：“到十一学校上中学，我特别适应，因为两所学校的文化、课程、环境等很相似。”

2007至2008年，我到北京跟随前中央教科所所长、情感教育专家朱小蔓老师研究幸福教育；后来，我又跟随北京师范大学苏霍姆林斯基研究专家肖甦教授学习教育学博士课程，进一步扩宽和丰富了研究领域和实践视角。后来我调到北京市玉泉小学担任校长，正赶上北京进行课程改革。充分利用北京市海淀区丰富的教育资源和宽松的办学环境，幸福教育研究与办学实践得以进一步深化和成型。

从农村学校到城市学校，从地方学校到首都学校，从北京学校到全国学校，幸福教育研究与办学实践一路走来，先后有上百所学校不同程度地参与其中，均取得了一定的办学成效，均把学校办成了老百姓家门口的好学校。

做幸福教育，必须充满激情，充满智慧，心无旁骛，坚持坚守。曾经有区委书记希望我接手教育局局长一职，我谢绝了。我想，人的一生能做成一件事就非常不容易了。于我而言，能够扎扎实实地把幸福教育研究好，就足够了。

教育究竟是什么？我认为，就是帮助孩子幸福成长的一种有效手段，并能够为孩子一生的幸福奠定基础。

在办学过程中，难以用数据去测量我们到底付出了多少爱心、多少真心，但是我们用良心去对待所有教师、孩子和家长。此亦为幸福教育之理想追求。

到今天，我做教育工作已达37年之久，蹲过教育机关，先后在农村学校、城区学校和京城学校做校长，管理过中学、小学和幼儿园，指导过县域教育的整体发展，都是用良心去办良心教育。这种良心教育，亦为幸福教育的根本与核心。

2019年底新冠疫情爆发，在疫情防控过程中，形形色色的人生样态促使我对人生、社会和自然进行反思，同时引发了我对学校教育的重新思考。

2020年春节隔离在家期间，我有了一段“清闲”时光，静下心来认真思考多年来践行的幸福教育，而后经过近两年的写作形成了这些文字。

借此机会，感谢与我相处过的山东东营、潍坊两地学校和北京学校的老师、孩子和家长以及社会各界朋友，还有幸福教育学校联盟的朋友们，为我提供了一个发起、研究和实践幸福教育的舞台。借此机会也感谢各级领导、专家和朋友们对我本人的大力帮助和支持，是各位师长、同事、朋友对我的厚爱和宽容支撑着我勇敢、坚定地走到今天。

最后，感谢我的家人，感谢我家玉玉和泉泉两个小宝宝带给我饱满的快乐和不竭的幸福。

于北京鲁谷秀雅斋